智者大師

東土小釋迦

高僧小說系列｜精選

吳燈山　著 ◆ 劉建志　繪

智慧與慈悲的分享

聖嚴法師

小說，是通過文學的筆觸，以說故事的方式，表現人性之美，所以稱爲文藝作品。它可以是寫實的，也可以是虛構的，但它必定是與人心相應，才會獲得讀者的喜愛與共鳴。

高僧的傳記，是眞有其人、實有其事的眞實故事，也是通過文字的技巧，以敍述介紹的方式，將高僧的行誼，呈現在讀者的眼前，也是屬於文學類的作品，只是缺少小說那樣戲劇性的氣氛。

高僧的傳記，以現代人白話文體，加上小說的表現手法，那就顯得特別生動而富於趣味化了。我從小喜歡文學作品的原因，是佩服它有高度的說服力，並且能使讀者印象深刻，歷久不忘，並且認爲高深的佛法，經過文學的表現，就能普及民間，深入民心，達成化世導俗的效果。我們發現諸多佛經的體裁，是用小品散文、長短篇小說，以及長短篇的詩偈寫成的。

近代已有人用白話文翻譯佛經，也有人以語體文重寫高僧傳記，但尚未有人以小說及童話的方式來重寫高僧傳記。故在《大藏經》中雖藏有極豐富的歷代高僧傳記資料，市面上卻很難見到。我們的法鼓文化事業股份有限公司，爲了使得故典的原文很容易地被現代的讀者接受，尤其容易讓青少年們喜愛，而從高僧傳記之中，分享到他們的智慧及慈悲，所以經過兩年多的策畫運作，推出一套「高僧小說系列」的叢書，選出四十位高僧的傳記，邀請到當代老、中、青三代的兒童文學作家群，根據史傳資料，用他們的生花妙筆、豐富的感情、敏銳的想像，加上電影蒙太奇的剪接技巧，以現代小說的形式，生動活潑地呈現到讀者的面前。這使得歷史上的高僧群，都回到我們現代人的生活中來，陪伴著我們，給我們智慧，給我們安慰，給我們健康，給我們平安。

這套叢書的主要對象是青少年，但它是屬於一切人的，是超越於年齡層次的佛教讀物。

我要在此感謝參與這套叢書編寫出版的全體工作人員，包括編者、作者、畫家、審核者、校對者、發行者，由於他們的努力，才能有這項成果奉獻在廣大的讀者之前。也請諸方先進和所有的讀者，多給我們鼓勵和指教。

一九九五年四月八日晨

序於台北法鼓山農禪寺

推薦序

人生要通往哪裡？

蔡志忠

「只有死掉的魚，才隨波逐流！」

人生是件簡單的事，是我們自己把它弄得很複雜的。

魚從來都不思考：

「水是什麼？

水爲何要流？

水爲何不流？」

這些無謂的問題。

魚只有一個最簡單的問題：

「我要不要游？
如何游？
游到哪裡？
游到那裡做什麼？」
人常自陷於無明的憂鬱深淵，無法跳脫出來。
人也常走進一條沒有出口的道路，
才發現原來這根本不是自己的人生之道。
兩千五百年前，佛陀原本也自陷於
人生的痛苦深淵……，經過六年的
修行思考，佛陀終於覺悟出：
「什麼是苦？
苦形成的次第過程？
如何消滅苦？
通往無苦的解脫自在之道。」

這也就是苦生、苦滅，一切因緣生的「三法印」、「緣起法」、「四聖諦」、「八正道」，所有攸關於人產生煩惱痛苦的原因和達到解脫、自在、清淨境界、彼岸之道的修行方法。

佛陀在世時，傳法四十五年，佛滅度後，佛陀的思想由他的弟子們傳承到後世，成爲今天的佛教。在佛教的發展過程中，留下了許多動人的高僧故事。

除了《景德傳燈錄》記載著所有禪宗各支歷代高僧學佛得道的故事之外，《大藏經》五十卷的〈高僧傳〉、〈續高僧傳〉裡也記載很多歷代大師傳記典故；此外，還有印度、西藏、日本等地大師的故事。通過閱讀過去大德諸賢的故事，可以讓我們對人生的迷惘問題得到啓發。

胡適說：

「宗教要傳播得遠，

佛理要說得明白清楚，

都不能不靠白話來推廣。」

這套高僧小說也繼承這使命，以小說的方式講述高僧的故事。讓讀者能透過這些歷代高僧的故事，得以啓發人生大道。相信做爲一個中華民族的後代，身在儒、釋、道思想的傳統文化背景下，如能透過高僧小說多了解佛教思想，對自己未來人生之路的導引和思考，必定能獲得很大的益助。

自序

品嘗「閱讀即修行」的法樂

寫《東土小釋迦——智者大師》是一件挺愉快的事情。雖然它的內容不像寫歷代良將賢臣的「輔君側，定四方」那般讓人過癮，也沒有寫俠義之士的「路見不平，拔刀相助」那般令人痛快，更沒有纏綿悱惻的兒女私情情節，能讓少男少女讀者油然生起羨慕嚮往之情；可是寫智者大師「一心求道，爲道忘身」的高僧行徑，感覺心頭彷彿有條清清溪流潺潺流過，得到未曾有過的喜悅與清涼，也讓我深刻體悟到：原來寫作也可以是一種修行。

隨著筆下情節的鋪展，我好像化身爲一位行者，緊隨在智者大師左右，和他一起呼吸、一同求道。從金碧輝煌的豪門巨宅走出，目睹了在烽火肆虐下大地頓成焦土，和百姓流離失所的人間慘狀，我看見了無常的訊息，也明白了唯有靠著佛法的「無緣大慈，同體大悲」，才能澆滅人間逞私欲而引來的戰火，帶來世界永久的和平。

凡夫內心充滿了貪、瞋、癡，引來無謂的煩惱與糾紛。所謂修行，就是時刻審察自己，修正身、口、意的偏差行爲。一個修行到家的人，已完完全全除去貪、瞋、癡三毒，心中充滿無限的寧靜和喜悅。倘使人人都能藉著修行達到這種境界，人間哪有糾紛？世間何來戰爭？

一個眞正的出家人，就跟智者大師一樣，出家的目的不是爲了圖一己的清靜、享樂，而是明心見性後，提供個人經驗，助眾生離苦得樂。

智顗爲什麼能成爲一位大師？他所憑藉的，絕非天資，而是追根究柢的求道精神和鍥而不舍的奮鬥意志。一個有才能的人，若肯加上持續不斷地努力，登上高峰是遲早的事。

將出家人視爲社會寄生蟲的說法，必須在我們的時代有所修正，遠如智者大師，近如印順長老、聖嚴法師，他們對社會、人心的貢獻，並不亞於一位將軍或首長。

閱讀高僧傳，有如誦讀一本活佛經，對一個人性靈上的啓發，深長而久遠，絕非閱讀其他書籍所能比擬。期望讀者能從這本書中，嘗到「閱讀即修行」的法樂，這也是我寫這本書的最大目的。

佛學視窗

01 剃度

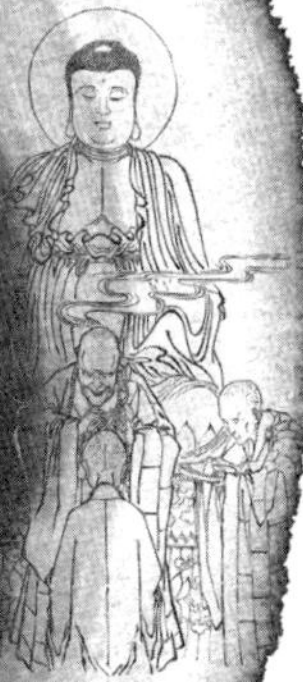

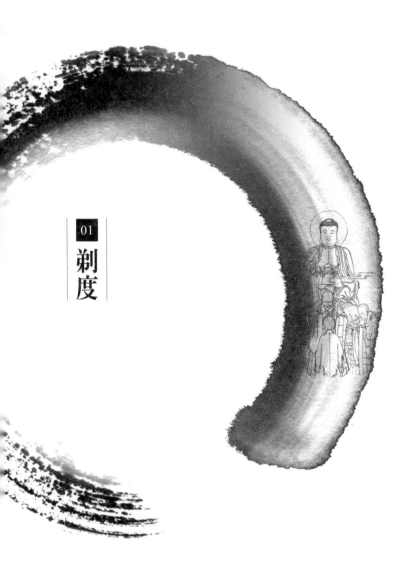

今天是個特別的大日子，對陳王道來說，自今天削髮剃度後，他就是一個出家人了，從此告別紅塵，遁入空門。

他的心情出奇地平靜，心裡早已做好了準備。他等待這天的來臨，已盼了很久很久。

一輪旭日自東天露臉，喜孜孜地躍至空中，似乎也在爲這特別的一天而興奮。頃刻間，萬道金光迤邐而來，照射得果願寺一片金碧輝煌，更顯出它的莊嚴肅穆。

嗡……。

那是寺院鳴鐘召集全院僧眾的訊息。

剃度大典即將開始。

隨著鐘聲的鳴響，沉靜空寂的寺院傳出輕微的跫音，寺簷下僧衣飄飄，緩步向大雄寶殿行去。

天空藍得發亮，映出一個碧澄澄的晴空。

枝椏間的嫩葉迎著陽光，閃出盈盈的綠意，枝頭春意鬧。

僧人們個個表情安詳，雙掌合十，以不疾不徐的步伐，誦著「南無本師釋迦牟尼佛」的聖號，魚貫進入大雄寶殿。

殿內燈火通明，殿中釋迦牟尼佛端坐蓮花座上，像慈父般發出微微的笑意。

世間的一切爭奪、紛擾似乎全被阻擋在殿外，這裡是個無爭之地，清淨又莊嚴……。

僧人橫排數列分站兩旁，面北而立，口裡聖號連綿不絕，聲聲入耳，宛轉嘹亮，將大殿烘托得益發肅穆莊嚴。

「剃度大典開始──」

高亢的喊音滑過後，殿內恢復一片岑寂。僧人們睜開原本半閉的眼瞼，等著一睹今日接受剃度者的丰采。

聽說他是名門之後，父親陳起祖曾被朝廷列爲賓客，有「經國之才」的美譽。梁元帝登位，任命他爲使持節❶、散騎常侍❷，並加封爲益陽縣開國侯。這麼一位出身名門宅第的人，聽說眼有雙瞳呢……。

「剃度者就位——」

隨著聲音的停落，從殿門口傳來細微的腳步聲，一位器宇軒昂的青年赫然出現在眼前，全身充滿著一股年輕氣息。他有著不可思議的瞳孔，像古時的舜帝一樣有著雙層的瞳光。重瞳的人自古被認爲不是平庸之相，他若剃度皈依佛陀，不能不說是佛門之福。

他行至釋迦牟尼佛面前，五體投地三拜，動作俐落優雅，態度十分虔誠。拜後，他雙手合掌退後而立，眉宇間一股英氣流蕩，著實是個美青年。

「戒師就位——阿闍梨❸就位——」

從殿外走進兩位身穿袈裟的高僧，像辦喜事般，笑吟吟地走至殿內，分別就位。

剃度，意味著出家人告別紅塵，由塵世——君主統治之世——出世進入寺院。在封建「家天下」的社會裡，被認爲是君主對臣民的極大恩賜，所以出家人在削髮剃度的儀式上，首先要拜謝君主。

主持傳戒的戒師（又稱戒和尚）啓動金口，祝頌道：

皇帝萬歲臣統千秋，天下太平法輪常轉。
伽藍土地增益威光，護法護人無諸難事。
十方施主福慧莊嚴，合道場人身心安樂。
師長父母道業超隆，剃頭沙彌修行無障。
三途八難咸脫苦輪，九有四生俱登覺岸。

頌畢，佛號又起。「南無本師釋迦牟尼佛——」、「南無本師釋迦牟尼佛——」一聲聲佛號自眾人口中清晰傳出，在大殿內盤旋、迴盪，懾人心弦，也映襯出一張張面孔的莊嚴法相。

戒師微微舉手示意，佛號戛然而止，陳王道踏出一步，五體投地一拜後，唱念道：「我陳王道今請大德爲剃頭受戒阿闍梨。願大德爲我作剃頭受戒阿闍梨。我依大德故，得剃頭受戒，慈愍故。」

這番唱念，陳王道念得字正腔圓，音調悠長，餘音繞梁，久久不散。他以極恭敬的心，祈請戒和尚爲他剃度。

此刻陳王道的心海，波瀾微興。呵！這不斷生長的頭髮，就像那無邊的煩惱，總是帶來人世間許多的糾纏和痛苦，把它削去吧！此後暫離滾滾紅塵，一心向道。待他日解脫，再返塵度眾。

陳王道求道的決心，比磐石還堅固。

磬聲乍響，滌人心中塵埃，給人一份警覺與清醒。

「隨我來！」

戒和尚手鳴引磬，緩緩向殿外走去，舉止飄逸，態度從容。陳王道亦步亦趨，隨後而行。

走出大殿外，陳王道恭恭敬敬向北三拜，辭謝君主；復三拜辭謝父母，以示自己從此脫離塵世，一心修行。佛門稱削髮爲剃度，意思是剃髮使人得以超度，永離痛苦煩惱，由此岸度往清淨覺悟的彼岸。因此，要在辭別此岸之君主、父母之後，方能動刀爲受戒者削去頭髮。

拜畢，感於君主的隆恩、父母的親情，復感人世的飄零、生命的無常，陳王道的眼眶裡閃爍著晶瑩的淚珠。君主遭逢國難，俘虜被殺，父陳起祖因之一病不起，母親日夜侍候，積勞成疾，不幸撒手人寰。一年後，油盡燈枯的父親也追隨而去，留下他和哥哥兩個孤兒……。

陳王道閉起雙眼，豆大的兩粒淚珠自俊俏的雙頰滑落，他努力壓抑住對前塵往事的追憶，讓神志恢復一片清明。這紅塵白浪兩茫茫的世間，勢必要暫時割捨呀！自救才能救人，自度方能度眾，先潛心修道吧！若能日日精進，明心見性，再重返紅塵，爲眾生說法，才無忝於所生，也才能報君主對父親的一片知遇之恩吧……。

這樣想後，陳王道從跪拜中站起，昂然如一棵挺立於天地之間的蓊鬱青松，暫時拜別戒和尚，向內院行去。

陳王道再出現於大雄寶殿時，已脫去俗衣，換上僧服，他畢恭畢敬地向戒和尚行跪拜禮。

戒和尚手持淨瓶，以右手沾香湯，輕輕在受戒者頭頂滴上三滴，據說這樣可使受戒者心生清涼，煩惱不侵，摒去俗氣。陳王道頭頂感受到了那股清涼，鼻間聞到香湯的清香，頓覺神清氣爽，內心一片澄明。

戒和尚舉步向前，將陳王道頭頂中心的少許頭髮挽成一個小髻，然後手拿剃刀由下往上剃，只見綹綹烏黑發亮的頭髮，絲絲飄落，散成一地。

陳王道的內心泛起漣漪，激動不已。他心想：「我終於要落髮爲僧了，這條出家路是多麼坎坷漫長啊！」

＊　＊　＊

下定出家的決心，是戰亂結束八個月以後，走訪首都江陵時所作的最後決定。昏黃的燈光下，躺在病床上的父親臉色蒼白，憂國憂民使他形銷骨立，日夜難安。母親因不眠不休的照顧，身子也一天不如一天。

八個月前的父親，是梁元帝面前的紅人，位居高官，是如何意氣風發呀！哪知天有不測風雲，剛當了兩年皇帝的梁元帝被西魏所殺，父親因自責未能即時援救國君，一病不起，此時已如風中的殘燭，每天在嘆息聲中度日。

「唉——」

那重重的嘆息聲又起。

「怎麼了？是哪裡不舒服嗎？」母親徐氏是位慈祥善良的婦女，聽到丈夫的長吁短嘆，她的內心像被針扎一般地痛。

「肉身的痛，我能承擔，那不算什麼；我是這裡痛哪！好疼，好疼！」陳起祖以右手指了指心。

「你有什麼心事就說出來吧！說不定臣妾能替你分擔一些憂愁。」

「夫人，自我病後，你受的苦還不夠多嗎？看你爲我不眠不休，身子日益消瘦，我何忍再增多你的煩憂？」起祖握住夫人的手，「可是我心痛的情況日益嚴重，假如我現在能起床行走就好了……。」

「起祖，你到底想做什麼事？」徐氏關懷地問。

「唉！如果我現在身體健康的話，我打算到江陵去，把那些離散的親朋好友找回來；更要在元帝的墓前跪拜道歉，以求寬恕無能援救的罪過。這個願望未了，我是死不瞑目的……。」

徐氏聽後，悲傷得流下淚珠，安慰道：「如果你確有此心，也不是沒有辦

法可想。孩子已長大，讓他們代你走一趟首都吧！」

「讓孩子代我去？這樣妥當嗎？雖說戰亂已經結束，但已不是以前元帝所統治的首都。警戒森嚴，社會混亂，孩子代我去妥當嗎……？」

父親後來的話，已成了一片呢喃，他的內心陷入矛盾掙扎之中。一方面欣喜於孩子已長大，能代他跑一趟京都；另方面又怕時局混亂，不放心孩子冒險前往。

一直在旁細聽父母親交談的十五歲陳王道，目睹了這一幕，心中暗暗有了決定，他趨前向父親說：「父親大人！請讓我代您走一趟首都吧！我去弔祭元帝並爲他祈求冥福。如果可能，我也回故鄉華容走一趟，把戰亂時失去的親戚和好友統統找回來。父親見到他們時，心裡一定會很高興的……。」

躺在病床上的父親以訝異又感激的眼光望著陳王道，這個自幼孝順的二兒子果然十分貼心，而且頗有膽識。

「不！王道太小，讓哥哥陳鉞去吧！」徐氏不能不有此顧慮，時局混亂，陳王道也只是個十五歲的青少年而已。

「娘，我已經不是小孩了，就讓我去吧！哥哥年紀較大，易被起疑。況且由我去，才能爲元帝恭誦《法華經》❹祈福呀！」

陳王道七歲時，隨母親入佛寺聽經，回來即能背誦《法華經・普門品》❺，從此以後，就愛往佛寺跑。

陳起祖面露欣喜安慰之色，點了點頭。

就這樣，陳王道從益陽縣出發，奔向戰後不久的故鄉——華容和首都江陵。

這眞是一趟刻骨銘心的「傷心之旅」。陳王道自幼生長在榮華富貴的大官之家，衣爲綾羅綢緞，食則山珍海味，怎知民間疾苦？這趟旅途，所見都是戰亂所遺留下來的殘跡。所有村莊都變成一片焦土，到處是斷垣殘壁的荒涼慘狀。戰爭帶來人間的浩劫，使人人流離失所，骨肉離散。原本幸福的家，頃刻間妻離子散，化爲烏有，處處瀰漫著無常的氣息。

在戰火的摧殘下，人變聾變啞了，個個表情木訥，默然不答。陳王道渴望能在華容找到離散的親族或熟人，但是竟然遍尋不著。舊時城牆依舊在，只是

故鄉已非往昔的故鄉，一個親友也沒有遇上，陳王道悵然離開華容縣。

首都江陵的情況也是一樣。宇文泰督軍的五萬魏軍攻下江陵後，另立傀儡的新帝，雖也是武帝的後嗣，但受西魏軍嚴密監控。安居在梁朝首都的善良百姓淪爲奴隸，被迫帶往北方，十數萬以上的人，含淚離開家園，人世間的無常，怎不讓人痛心！

選了較不易被察覺的黃昏時分，陳王道來到元帝的墓前，弔祭他的英靈。首都江陵失陷，元帝從宮廷躲到寺院，輾轉逃亡。陳起祖有心救駕，但他率領的一小撮部隊實難與敵方五萬大軍匹敵，希望與元帝取得聯絡而派出去的敢死隊也全部壯烈成仁。

元帝受此打擊，痛不欲生。他焚燒了從遙遠的建康運來的先王武帝珍貴的書籍，以及自己所藏的書本共約十四萬卷；然後縱身一躍投入熊熊烈焰中，想與愛書同歸於盡，結束自己的一生。

大臣見狀，緊抓元帝龍袍不放，喊聲淒厲。

元帝拔出腰間寶劍，刺進王宮的柱子，瘋狂地叫嚷著：「多難堪呀！朕已無言面對全國臣民。燒吧！燒掉一切世間的珍寶，我的人生也將走到盡頭了，哈哈哈……。」

那笑聲含著悲淒，讓人聽了斷腸！當夜元帝寫下降書，成了俘虜，沒等到新春便被送上了斷頭台。

在深深自責和疲勞煎熬中的陳起祖，不久就咯血倒下了，從此一病不起。

＊　＊　＊

頭上黑髮已盡數被剃除，僅存頭頂小髻，戒和尚再度手持淨瓶，口念偈語。念畢，戒和尚對陷入沉思的陳王道說：「我已爲你削除頭髮，唯有頂髻還在，你可最後慎重考慮，再下決心。如不能忘身進道，忍苦修行，少髮還在，放你歸家，還來得及。」

陳王道再無任何猶豫，以堅定的口氣回答道：「決志出家，永無悔退。」

那趟「傷心之旅」，讓陳王道深深體會到了人生的無常、生命的無奈，內

心漲滿的悲哀與爲戰亂離散人們祈福的慈悲心腸，使他的腳步不由自主走向心靈的棲息地——佛寺。

他來到了長沙寺。

長沙寺的佛像，傳聞爲天竺國阿育王所鑄。據說在晉朝孝武帝時代，沙門曇翼看到江陵北街附近的天空出現五彩光芒，因而尋獲這一尊金身佛像。

陳王道站在這尊佛像前，眞是百感交集。昔日在阿育王時代即已放射金色光輝的這尊聖像，不知是由誰從天竺運來。世事難料，瞬息萬變，哪有亙古不變的永恆呢？

往事如潮汐般轟轟而來：從父親口裡聽聞武帝、元帝的盛衰；曾經風光一時的父親，於國破之後一無所有，滿面愁容而一病不起；原本享有太平歲月四十餘年的梁國百姓，在烽火燃起之際，家破人亡，到處驚慌逃命……。

「榮華富貴如同五更夢，難以久遠；凋零離散恰似反掌折枝，既易且快。佛陀啊！這無常的世間，人們愚蠢地陷入輪迴中而不思自拔，除了仰賴佛法爲人間帶來光明外，世間將長處陰暗中永無旦日。慈悲的佛陀呀！請讓我當沙門❻

吧！我將以弘揚正法做爲我一生的事業……。」

就在此刻，陳王道立下了出家的志願。

＊　＊　＊

戒和尚引導陳王道來到日後的教授阿闍梨——沙門法緒面前，並把戒刀交給他。

陳王道合掌跪下。

法緒師父手持戒刀，開口說：「最後頂髻，唯師一人乃能剃去，我今爲你除去，你願意嗎？」

「我願意。」

法緒師父隨即口誦〈剃髮偈〉，手起刀落，剃去僅餘的頂髻，剃度大典已近尾聲。

接著舉行「授袈裟」儀式，陳王道在法緒師父幫忙下穿上袈裟，禮佛三拜，並繞壇三匝。最後禮謝僧眾及戒和尚與師父。

隨後法緒師父授十戒，陳王道成爲沙彌❼（受沙彌戒者大都爲七歲以上、二十歲以下的年輕人，年滿二十以後就可受具足戒❽，成爲比丘）。

陳王道，也叫光道，字德安，荊州華容人。受十戒後，大家都叫他沙彌德安。

❖ 註釋 ❖

❶ 使持節：相當於總督大臣，是統領軍隊的官員中最高的職位。

❷ 散騎常侍：皇帝的顧問。

❸ 阿闍梨：即剃度者的師父，也稱導師，就是教授弟子，使其行為端正合宜，而且自身可為弟子的楷模。

❹《法華經》：全名《妙法蓮華經》。以詩、譬喻、象徵等表現手法來讚歎佛

陀，是佛教思想史、文學史上非常重要的經典，共有二十八品。

❺《法華經・普門品》：為《法華經》第二十五品，內容宣說觀世音菩薩循聲救苦的慈悲誓願。

❻沙門：佛教對出家人的通稱。

❼沙彌：初出家未受具足戒的男眾。

❽具足戒：為比丘、比丘尼當受的戒，比丘有二百五十戒，比丘尼有三百四十八戒。

02

沙彌德安

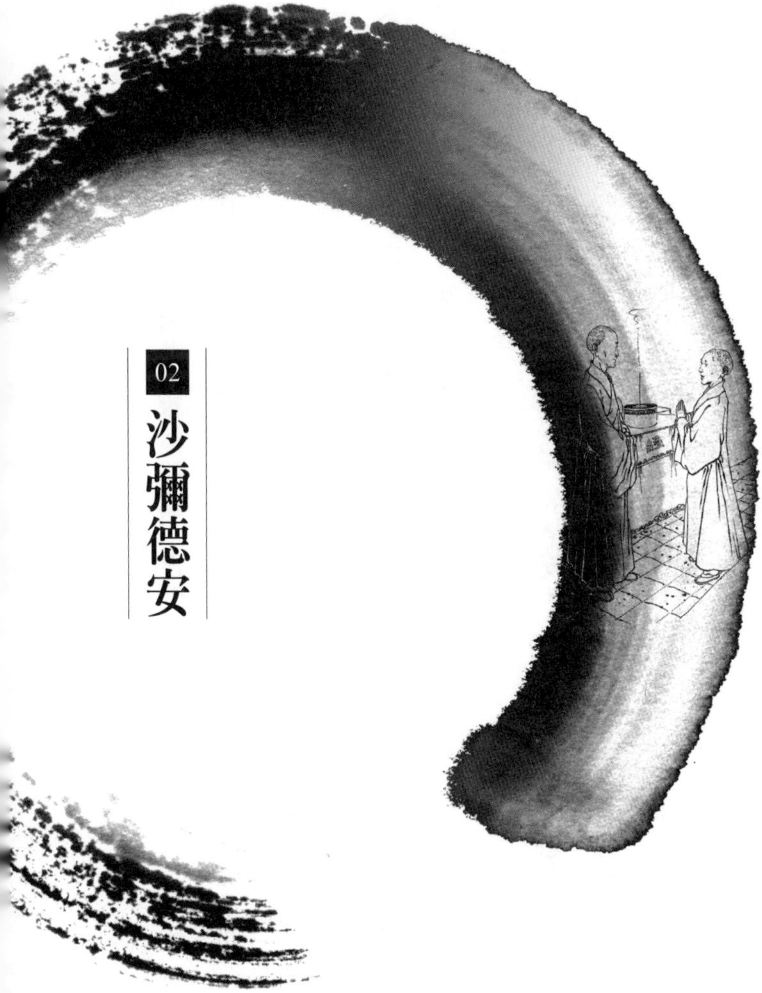

受沙彌戒後的德安，日日精進。雖然沙彌工作繁多，忙完清掃環境、劈柴擔水、摘葉收菜等工作後，每天所剩時間已不多，身體也感疲憊，但德安可不願浪費寶貴時光的一分一秒，總是一頭栽進經堂裡，吸吮佛陀的甘露清泉。

德安渴望增多閱經時間，藉以熏習性情，法緒師父看在眼裡，不是不明白他的意念。可是寺有寺規，做爲沙彌有必須該做的工作，倘若破例除外，如何服眾，對德安也未必有好處。

法緒師父引以爲慰的是：出身穎川名門的德安，一向樂享榮華，想不到他剃度爲沙彌後，粗重的劈柴、擔水等工作，樣樣做得來，而且十分賣力。

「眞是一個不可多得的弟子呀！不僅天資聰穎、悟性高強，而且勤勞耐苦，將來一定是佛教界的高僧！一到二十歲，我一定立即爲他授具足戒，讓他成爲正式的比丘。」

「得天下英才而教之，一樂也。」喜獲高徒，傳法有人，法緒師父心裡怎不樂陶陶？

「果願寺」，它果然是座能讓人完成願望的寺院，德安沙彌的日子雖過得比以往清苦，可是他甘之如飴。

＊　＊　＊

從小，他就愛往寺院跑。母親徐氏信佛，常到寺院聽經祈福。有一次他吵著要跟去，母親依了他。來到大殿，看見蓮花座上的佛笑盈盈的，心裡很歡喜，便隨母親行了跪拜禮。

七歲稚童長得一副聰明相，天真又可愛，寺裡眾僧無不喜愛。

回家後，他在父親面前背誦了一段《法華經》的經文。陳起祖訝異萬分，這孩子怎會背誦佛經？因爲平日他傳授給兩個兒子的學問，僅有儒學、玄學（老莊思想）、史書和文學等類而已。

他把妻子徐氏找來。

「眞有這回事？」徐氏也是一臉詫異，但忽然又想到今日之事：「哦！今天王道隨我去寺院拜佛聽經，可能他聽到法師在誦讀《法華經・普門品》而默背下來的吧？」

「啊！原來如此！」

陳起祖放心了，兒子有著那麼超強的記憶力，眞令人興奮呢！他又把王道找來問明原委，果然一如妻子的猜測，是聽後自然而然背下來的。

此後，王道常往寺裡跑，就像去好玩的遊樂場所遊玩似的。

陳起祖一心一意要把兩個兒子教育成文武合一、術德兼修的武士，長大後好報效國家，因此不喜歡王道經常出入佛寺。

有一天，他對王道說：「道兒，你繼承了名門貴族的血統，長大一定要成爲對王朝有用的人，多看《論語》、《中庸》、《史記》，別再去佛寺了，知道嗎？」

王道默默不語。孩子是好動的，雖然父親再三禁止，他還是常溜到寺院去。

「啊！歡迎！歡迎！你又來啦！」

「我教你新的經文，跟我一起念。」
寺院的僧人們很喜歡教王道經文。
「今天，我們已經把《法華經・普門品》念完了，背背看你記下了多少？」
王道立即以他稚嫩且清澈高亢的嗓音，朗朗背誦著：

《妙法蓮華經・觀世音菩薩普門品第二十五》。爾時無盡意菩薩，即從座起，偏袒右肩，合掌向佛，而作是言……。

＊　＊　＊

沙彌德安唱誦著〈普門品〉，字字清晰。他在床上結跏趺坐❶，此時已是深夜，從紙窗外瀉進的銀色月光把他的身影照得又細又長。
從小，《法華經・普門品》就牢牢印在他的腦海裡，經文時常自然而然從

口中化爲音聲流出，紛亂的心立刻止息，變得一片平和。

只是今夜，心緒觸動回憶的輪子，往事又如潮汐般接踵而至……。

元帝被殺的死訊傳來，陳起祖悲痛萬分。他搥胸頓足，仰天長嘆，整個人像失去魂魄的空殼子。益陽有洞庭湖屏障著，敵軍一時不敢貿然進攻，也因此妻子和陳鋮、陳王道兩個兒子都沒捲入戰火，可說是不幸中的大幸。

「傷心之旅」歸來後，王道向父親稟報詳細經過。陳起祖對於王道完成祭弔元帝之墓的任務，頗感欣慰。然而聽到華容的親戚好友杳無蹤跡的情形時，不禁嘆聲連連，蒼白清病的臉上愈發沒有血色。

誰能預料到，當陳起祖的病況略有起色時，服侍在病榻旁的妻子徐氏，反而先倒了下來，不甘不願地離開了人間。

舊愁未癒又添新愁，陳起祖的病情又開始惡化。

「我的壽命已不久人世……可憐鋮兒、道兒將成爲無父無母的孤兒……，能信任的朋友，算起來僅剩王琳……其餘都被抓去長安苟延殘喘地做了西魏的奴隸……。哥哥陳鍼已逐漸長成出色的青年，可是弟弟尚未完成冠禮，我要提前給他完成冠禮，才能放心去啊……。」

爲王道完成冠禮後不久，陳起祖在睡夢中溘然長逝，未驚動兩個兒子。那時陳王道才十七歲。

＊　＊　＊

這天寺裡來了一位青年僧，法緒師父一見，連忙趕來迎客。來的不是別人，正是名震荊州、湘州一帶，勤於治學修身的慧曠律師。他自十二歲出家後，遍訪諸州各寺，勵志修持，今年方二十四歲已做寺院住持。只要一說到慧曠律師，大家無不肅然起敬，佩服他的高深學養和修持。

「好久不見，法緒法師身體依舊十分硬朗……。」慧曠律師寒暄道。

「託福，託福。律師英姿勃發，道行日高，才令人羨慕呢！」法緒師父高興地說：「不知什麼風把您送到敝寺來，這趟前來有何指教？」

「不敢，不敢。您知道我喜歡參訪各寺，並無特別目的。」慧曠律師站起來合掌道：「我想到貴寺藏經堂閱經，還請法師恩准。」

「歡迎！歡迎！請容老衲爲您帶路。」

「法師請留步，我來貴寺已不只一次，實在不必麻煩您。」別了法緒法師，慧曠律師逕向藏經堂走去。他做夢也想不到，竟然在這裡發覺了一塊璞玉——日後被隋煬帝賜號「智者」，人稱「小釋迦」的智者大師。

慧曠律師進入藏經堂後，專心一志地閱覽經典。忽然發覺有人在場，抬頭一看，近處有位沙彌埋首經典中，這時，對方也抬頭望過來。當兩人的視線彼此接觸的那一剎那，慧曠內心被震動了一下：

「哎呀！這位沙彌擁有清澄亮透的眼光，並且像古時舜帝和楚霸王項羽一般有著雙層的瞳光。重瞳的人自古被認爲不是平庸之相，這沙彌不是泛泛之輩，而是潛龍或是雛鳳這一類的人物……有機會我該點化他，走進大乘的光環裡……。」

「我是叫德安的沙彌，請問您是慧曠律師嗎？」

「嗯，我是慧曠……你怎麼知道……。」

那兩眼交會時互放的光芒，令雙方既驚且喜，惺惺相惜之情也油然而生。

「法緒師父常常提及您，說您是一位學行兼優的年輕律師、是佛門的龍象，要我多跟您學習。剛才那一瞥，接觸到您眼中投射而出的睿智眼光，心想也許就是您了，果然沒錯！今天能有這個緣分遇到您，眞是非常幸運啊！」

「法緒法師過獎了，我只是認眞修行不敢放逸而已。爲了求佛法、訪名師，這十二個年頭我遍訪名山大寺，可能如此才浪得虛名，實無過人之處。」

沙彌德安臉露羨慕之色，眼裡燃起一股渴望的烈焰說：「如果我也能像您一樣，遍訪名山大師，廣讀一切經典，了悟解救一切眾生苦惱的佛陀智慧，不知該有多好！」

「但爲眾生得離苦，不爲自己求安樂。非常殊勝的發心，希望你能永保這份志願。佛寺門中有求必應，你有這份心，佛陀一定慈愍庇佑的。我雖力薄，但是非常樂意盡我所能來幫助你。」慧曠律師認爲機不可失，點化道：「佛法

經

浩瀚，無涯無際，深如大海。往後你除了勤修戒、定、慧三學❷外，還要多接觸大乘經典，才能一窺佛法的全貌，汲取佛陀智慧的精髓。」

「感謝律師的開示。自幼我對《法華經》有特殊的因緣，可是果願寺的《法華經》並不齊全，令人遺憾。我希望今後能把法華三部經做深入的研讀，不知律師是否已讀過法華三部經？」

「早已拜讀過了。在我過去修行的大賢山，就藏有《無量義經》、《妙法蓮華經》、《觀普賢菩薩行法經》等三部經。前去衡州南境的大賢山，路程稍遠，但值得一遊。在這湘州一帶，雖存有一部分《法華經》的散品，但並不完備。」

「若有機會，我一定前往參訪大賢山。」

沙彌德安的眼裡，再度燃起渴望求道的烈火。

「我應該盡力來幫助這位沙彌。」這樣想後，慧曠律師對德安說：「只要你有決心，機會一定有的。」

爲佛門造龍象的念頭一閃，使離開藏經堂的慧曠律師，逕自朝法緒法師禪

房走去。

「法緒法師，您在嗎？我有要事商量。」

法緒法師迎了上來，眼睛接觸到一對漾滿興奮光采的眸光。

「大律師，看您春風滿面，是否對佛理有了什麼大了悟？」

法緒法師默默在心底猜測著：莫非他發現了德安？

「比開悟還令我高興的事！我發現了一塊璞玉，埋沒在礦石裡的璞玉！只要歷經時日加以雕琢，必能成爲一顆耀眼的星鑽。」

「我寺裡眞有這麼一塊璞玉嗎？貧僧怎麼一點兒也沒有發覺啊……。」法緒法師如此裝傻著。德安是他寄以厚望的愛徒，一位像是潛龍又像是雛鳳的沙彌，他不想失去他。

「法緒法師，請恕我直言。這麼一塊璞玉不能長久被埋在礦石裡，他所需要學習的不僅是律藏，還有方等（大乘）的大法藏。貧僧對方等經典一向頗有涉獵，自認尚有能力引導他進入大乘大海，只是不知大師是否肯割愛？」

法緒法師心頭一震，陷入好長的一段沉思。自從德安進入果願寺兩年多來，他做好了一切沙彌該做的工作，他求道的心是多麼熱切啊！一有空閒就往藏經堂跑，經堂中有限的佛經早已被他翻遍，在這裡他是學不到什麼了。可是這麼一位高徒千載難遇，割捨與否，令他陷入了兩難。

「是有這麼一位沙彌，俗姓陳，名王道，也叫光道。字德安，荊州華容人。父親名叫陳起祖，元帝在位時爲使持節，拜散騎常侍，加封益陽開國侯；母親徐氏。」

「啊！原來那位沙彌出身名門，是益陽開國侯陳起祖的公子！」慧曠律師對陳起祖的忠貞愛國、文武兼備早有耳聞。

「絕不能讓德安沙彌在果願寺裡，庸庸碌碌度過一生。他是未來弘揚佛法翱翔九霄的威鳳，理該放入大乘的藍空裡，任其展翅飛翔。」

「這個老僧明白，他的確是一位好沙彌，我會好好教育他，把他培養成一位高僧。」法緒法師實在捨不得讓德安離開他。

慧曠律師覺得他有義務爲渴望求道的德安尋找更佳去處，於是說：「愛徒心切，您捨不得他走的心情我能理解，這正是佛陀所稱的『愛別離苦』。可是

法緒法師，您要知道，修道見性，愈年輕愈有利。如不趁早鍛鍊，璞玉也會黯淡無光。倘使您眞爲德安著想，就該忍受短暫的別離之苦，助他邁向大法林，早日獲得解脫。請您再三思。」

慧曠律師這段誠摯中肯的話，是無法加以反駁的。法緒法師省察到自己自私的念頭，心生慚愧，以低沉的語調說：「您所言極是，貧僧慚愧。德安是個大利器的人，理該早日栽培。謹守律儀、修身養性而成名僧的時代已經過去，今後是以大乘經典的智慧光照耀亂世的時代，可惜貧僧已老。」

「法緒法師……。」

「請聽貧僧一席話。要德安離開果願寺，心中雖難以割捨，但反過來爲德安想，他能被慧曠律師看中，又是何其幸運，値得欣喜啊！貧僧年事已高，無法趕上以後佛教的大潮流，相信未來佛教，將因有了慧曠律師和沙彌德安的弘揚大乘思想而大放異采。」

「法緒法師過獎了，您能放棄私見，幫助德安投入大乘法海，磊落心胸如浩浩晴空，令人欽佩。」慧曠律師由衷地說。

「您先請回吧！待老僧與德安說個明白，他隨後就到。」

數日後，法緒法師把德安找來，心甘情願地把愛徒托給慧曠律師。臨別時他諄諄告誡著：「若是我還年輕，絕對捨不得放你走，一定親自教導你。慧曠律師雖僅年長你四歲，但他十二歲就做沙彌，嚴修律儀，也通達方等，放眼荊州、湘州、衡州一帶無人能比，放心去跟他學習吧！往後的佛法要靠你們年輕人來弘揚，要努力修道日日精進，千萬別忘了拔眾生苦的重責大任啊！」

送到三門，法緒法師見著德安漸行漸遠，終至消失了蹤影，仍不願離去。兩年前，經由湘州刺使王琳介紹而入門的沙彌德安，如今已是位昂然偉岸的青年，即將步入另一求道的新旅程。他內心耿耿於懷的是，未能親自給德安受具足戒。

德安來到慧曠律師門下後，不久便受具足戒，法號「智顗」，那時他剛滿二十歲。所謂「具足戒」，便是承認受戒者為正式佛門弟子，成為沙門而可以獨立的意思。

❖註釋❖

❶結跏趺坐：盤腿而坐。

❷戒、定、慧三學：佛教修持的綱領。戒可防惡，定可攝心，慧可除煩惱。

03 迷航

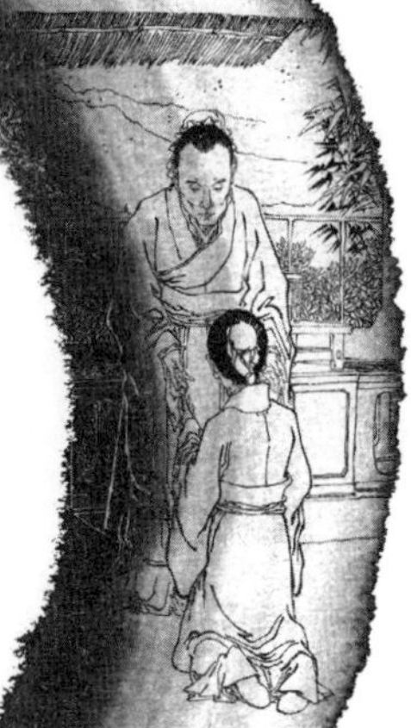

受具足戒後的智顗，有了較多時間鑽研佛經，像一塊乾了的海綿般，拚命吸吮著佛陀微言大義的法水。

這裡研究風氣鼎盛，年輕僧人們個個英姿勃發，勤於修行，經常舉辦法會，談經說法。智顗感染了這股解行並重的年輕氣息，更不敢懈怠，日日埋首於佛經中。

慧曠律師所到之處，必有智顗陪侍在側。無論開講座、弘法利生或參訪諸寺，慧曠律師總要智顗一同前往。他要智顗多歷練、多求法，盡快洗盡塵心，明心見性。

智顗心裡明白慧曠律師對他抱著殷殷的期盼，於是更加發憤苦修。他廣泛地涉獵經、律、論三藏，展開一場探求人生眞相的尋寶之旅。

佛海眞是浩瀚無邊，智顗泛著一葉扁舟貿然划入無涯無際的佛法大海中，他迷航了！

智顗的內心有著很大的疑惑。佛陀在世說法四十九年，經由後代弟子整理出來的經典有「三藏十二部」。他很想知道在這林林總總的佛經中，到底哪

部經最殊勝，對修行人的利益最大？而令他迷惑的是，似乎每部經都強調它是「無上第一法門」，可是哪部才是眞正的第一呢？

這個疑團愈結愈大，最後像塊大石頭般重重壓在他的心頭，讓他快喘不過氣來。

爲解開這個謎樣的結，他勤翻各經已到了廢寢忘食的地步，可是沒用，這裡的經典找不到他所需要的答案，智顗陷入無法自拔的迷境裡。

他的小舟在茫茫大海裡打轉，認不清前進的方向，他覺得快要窒息了。

「身爲沙門是歷經多少波折、困頓才換來的，可說得之不易，我是不會如此輕易就知難而退的。」智顗咬了咬下嘴唇，握了握拳頭：「我一定要查出哪部經才是眞正的『無上第一經』！」

＊　＊　＊

智顗出家的悲願，早在長沙寺佛像前已虔誠訴說。結束旅程回到益陽，目睹父親的病況日益嚴重，母親也因操勞過度倒了下來，他不忍在此時此地向父母表明出家的決心。

智顗的出家心願雖沒說出，一心向佛的決心卻愈來愈強。所謂「日有所思，夜有所夢」，竟夢見長沙寺的佛像從遠方飛來，站在他的床前，伸出金右手在他頭上撫摸三遍……。

也有好幾個夜晚，夢中他跪在佛前淚如雨下，醒來後，臉上淚痕依舊清晰可見。

「不！我不能氣餒，一定要克服這一難關，進而明心見性，才對得起王琳世伯！」

智顗的視線暫時從佛經移開，拋向窗外的黛綠遠山，腦海裡浮現著王琳世伯助他完成出家大願的前塵往事……。

王道心中的苦楚，哥哥陳鍼哪能體會？因此在服完父喪，王道突然提出出家要求時，陳鍼悲痛地叫道：「什麼？你要出家！爹娘離我而去，此刻你又要

離開我，我豈不成爲一個孤獨的人！弟弟，你眞的那麼想出家嗎？」

十八歲的王道跪在哥哥面前，兩眼滴下晶瑩的淚珠：「哥哥，如果不是爲了求道，我怎忍心在此時離開你？三年前我已在長沙寺立下了救度眾生、出家爲僧的心願，現在父母已往生，哥哥是有爲的青年，正是我皈依佛門的時刻。哥哥，人生是無常的，爲報國恩、父母恩，悲憫一切眾生，我在佛前發誓做個沙門，尋求開悟解脫來爲眾生指點迷津，求哥哥成全我吧……。」

兄弟倆淚眼相對，良久良久……。

陳鍼未置可否，只是一逕傷心落淚。他憶起了父親逝世前交代他的一件往事。

那天，王道去寺裡爲死去的母親祈禱冥福，父親把他叫到床前。

「王道這孩子從小深信佛教，我一向最怕他會提出出家的要求。他早晚禮拜自己雕刻的佛像，總愛往佛寺跑，雖一再制止，卻毫無效果，我想他跟佛有緣吧！」

「父親大人！您不是說過絕對不許王道出家嗎？」

「唉！」陳起祖想起自己的遭遇，當年的叱吒風雲如今已飄逝無蹤，徒留病體在床榻，人生眞如佛所說的無常呀！王道走向佛道，尋求心靈的永久安樂，未嘗不是一件好事，因此他對陳鉞說：「鉞兒，你好好聽著，王道是個好孩子，我走後你走自己的路，王道的路讓他自己去決定吧！我死後，如果要找人幫忙，就去找王琳先生，他是我的摯友，一定會好好照顧你們的。喏，這是委託信，你可要收藏好……。」

從回憶中回神過來的陳鉞，對長跪的弟弟說：「你出家的事，我做不了主。父親生前曾交給我一封委託信，我們去找王琳先生吧！由他來做最後決定。」

陳鉞希望能以王琳的力量，來打消弟弟出家的念頭。

王琳，住在益陽縣南方的湘州，官居湘州刺史（知事）。而長沙則是湘州的中心地區。

隔天，兄弟倆背著行囊，踏上奔往湘州長沙的旅途。

一想到這也許是和弟弟最後一次的旅行，陳鉞心裡漲滿了複雜的情緒。

「弟弟，世間的樂事你都還沒嘗到，你這一出家，難道不後悔嗎？」

「哥哥，你認爲要過怎樣的人生，才算沒有遺憾呢？」

「我們穎川陳家是名門貴族，不幸碰到大動亂逃到江南來，又移居華容。父親曾慨嘆名門大族日漸凋零，立志再興陳氏，還想進一步去整頓混亂的世局。可惜父親志向未能實現，讓他抱憾以終！我想繼承父親的志向，完成父親未竟的遺願，這生才不會有任何遺憾！」

「哥哥矢志繼承父志，令我欽佩。我是目睹了陳家的沒落及父親的挫折，而感悟到榮華富貴易碎、人生無常。人生僅是一場虛幻無常的夢境而已，我不要做個永遠沉迷夢境的人，相反的，我要做個清醒人，了解我爲何而來？又從何而去？」

「你說的也許有道理，可是我不懂，你眞的能捨棄世間的名位、權力，而永不後悔嗎？」

「我絕不後悔。當年世尊貴爲太子，娶了號稱天下第一美女的耶輸陀羅爲王妃，並生有一個可愛聰慧的兒子羅睺羅，日後也將登上王位。這是何等尊

貴、榮耀，可說人人稱羨。但世尊二十九歲那年毅然離家求道，終成人類心靈的偉大導師，為人生陰暗的角落燃起光芒四射的智慧之燈，這是多麼有價值又尊貴的人生啊！這種人生，才是我心目中沒有遺憾的人生。」

「可是弟弟，你想過沒有，跟武帝時代比起來，現在佛教正日益衰敗，已面臨沒落的趨勢，你此時出家是明智之舉嗎？」

「正因如此，我才想出家學道，悟出佛性，敲出靈性的鐘聲來振興佛教啊！」

「這……可是我現在身無一文，你出家必須的法具我也沒能力供養。現在父親死了，世態炎涼，不知王琳先生肯不肯見我們，眞令人擔心哪！」

此時已是黃昏時分，一輪火紅般的太陽正逐漸西沉。夕陽無限好，只是近黃昏，給人的感觸也特別深刻。

「好美的夕陽呀！王道，你記得嗎？童年時我們住在華容，常一起共賞夕陽……。」

「嗯。」

「那是一段多快樂的時光啊！沒有憂愁只有歡笑，父親陪伴我們讀書寫字，教導我們騎術射箭，內心充滿了美麗的憧憬。也許人生眞的是苦的，長大成人後嘗到的盡是人生苦的滋味，歡樂已離去好遠好遠……。」

「嗯。」

陳王道深刻地體會到哥哥這份淒涼的心境，他目送著夕陽漸漸地消逝在地平線上。

終於在第三天，兄弟倆來到了湘州刺史王琳公館。

看見益陽故友之子來訪，王琳打從心底歡迎，立刻展開雙臂，交互擁抱兩人……。

「一路辛苦了，這正是有朋自遠方來，不亦樂乎呀！可是令尊的過世眞令人惋惜，他是個大好人，過去受他照顧很多，未能見他最後一面，眞是遺憾呀！」

王琳仔細地端詳兩兄弟的臉，感慨頗深地說：「看到你們兄弟倆，彷彿看到兩個年輕時代的陳起祖一樣。那時候陳鋮還是個少年，這位弟弟……名字叫

什麼我倒忘了，當時他還是個幼童……。」

陳王道恭敬地說：「我叫王道，別號光道，字德安。」

王琳把那肥胖的身體靠著椅子坐下來，示意他們兩人也坐下來，然後關心地問：「今後，你們有何打算？」

陳鋮回答說：「其實我們正因此事來打擾世伯。本來我打算兄弟兩人繼承父志踏入仕途，但弟弟在先父喪期服滿後，突然要求出家。先父生前曾留下一封書信，交代萬一有困難時可以來找世伯，所以今天才到府上拜訪。書信在此，請世伯過目。」

王琳接過書信，逐字逐句地看著，閱後轉向王道，很和氣地問著：「德安君，你不想往仕途發展是嗎？如論如何都要出家嗎？」

「是的！此念已久，此心已堅，永不改變。」

「你是因爲雙親過世，哀慟過度而想出家呢？還是令尊過世，仕途頓失依恃，灰心之餘才選擇出家的呢？」

「身爲人子，沒有不哀傷父母喪亡的，我是悟到人生無常，絕非因斷了仕途才想出家！有人追求如朝露般的榮華富貴，有人追尋夢幻般的功名利祿；我追求的是生命的智慧。我一心一意只想出家修行，在這混亂的世間弘揚正法，以佛的慈悲精神來建立人間淨土！請王世伯成全我，幫助我達成出家的心願。」

「嗯，假如令尊要我阻止你出家，你怎麼辦？」

「先父在世時，我一切聽從父意，從不敢有不孝的行爲。現在父親已經離開人間，我想以獻身佛道的功德迴向給父母親以盡人子之孝。聽說目連尊者用佛法救出墮在餓鬼道受苦的母親，而盡了大孝。相信先父地下有知，一定會贊同我出家的……。」

陳王道堅定的出家決心，令王琳印象深刻。他面帶微笑，轉向陳鍼說：「鍼君，你也聽到德安的出家決心如山一般無法動搖。我本以爲他是因令尊的去世而厭世才想出家，其實不然。我非常佩服德安君不求榮華而求開悟解脫的志願，將來他若證得無上菩提，成就將不亞於令尊陳起祖，眞可說是雛鳳懷大志。我很樂意幫助他！」

接著，王琳出示陳起祖的信函，上面寫著：「次子王道，從小篤信佛教，志不在仕途，出家意志堅定。如閣下認爲其志可順天命，念在舊誼，請多協助，本人在荒塚地下，定不忘君恩，幸甚！幸甚！」

原本冀望王世伯能說服弟弟打消出家念頭的陳鋮，此時已徹底失望。他想：「或許弟弟這生註定當個出家人吧，父親臨終前不也看透了嗎？」

撲通！陳王道雙膝跪地，連磕三個響頭，以欣喜的心情說：「多謝世伯成全。」

「對啦！德安君！」王琳要陳王道起來，「我與果願寺住持法緒法師相識已久，來往密切。果願寺這寺名取得可眞巧，『果願』——果然如願，好像專等你來完成此一悲願似的！……哈哈哈……如果你同意，我今天就派人到法緒法師那裡通報一聲。至於衣缽等法具，我自會安排，你不用擔心。」

「謝謝！非常感激世伯的大恩大德，晚輩沒齒難忘！」如願以償的陳王道，內心盈滿著喜悅。

「不必客套。我這樣做，只是報答過去你父親的恩情和友誼，這是我分內的事。只希望你將來能功德圓滿，成爲一代高僧！」王琳轉對陳鍼說：「至於你，有意往仕途發展，我也會助你一臂之力。」

回想起王琳世伯對他的殷殷期盼，智顗從回憶中醒來，又低頭專注地細閱經典，盼望從經文中能找到答案。

日子一天天飛逝而過，智顗的眉頭攢得更緊，他煩惱得像小舟在漩渦裡打轉，出不去了！

他以求救的心情見師父慧曠律師。

「求師父讓我到大賢山的道場去修行吧！」

慧曠師父欣然應允：「好吧！你去吧！法華三部經正等著你，我早晚也會去那裡的。據說《妙法蓮華經》是部不可思議的經典，當年羅什三藏法師翻譯經題，不用《正法華經》，而用《妙法蓮華經》。這個『妙』字用得極巧，增強了很多人對佛法的信仰，也許這就是佛意吧！」

智顗臉上展出欣喜的笑容，隨即向衡州南境大賢山的道場出發。《法華

經》對智顗來說是宿緣極深的經典，他渴望從這部經裡解開心中的謎團。

一到大賢山道場，智顗便全神貫注鑽研法華三部經——《無量義經》、《妙法蓮華經》、《觀普賢菩薩行法經》。不知不覺中，他已融入法華世界——剎那間，他彷彿來到靈鷲山❶，親聆佛陀說法，從生命深奧之處，湧現出陣陣喜悅之情，這就是所謂的「法喜充滿」吧！

在《無量義經》的經文裡，智顗找到了大謎題的答案。

善男子！自我道場菩提樹下，端坐六年，得成阿耨多羅三藐三菩提，以佛眼觀一切諸法不可宣說。所以者何？以諸眾生性欲不同。性欲不同，種種說法；種種說法，以方便力，四十餘年未曾顯實。是故，眾生得道差別，不得疾成無上菩提。

佛陀如此說著：「善男子啊！我在菩提樹下修行六年，而悟到通達一切圓滿正確的佛智慧。以佛眼觀察世間一切諸法現象，要如實說出讓人們接受，那是十分困難的事。爲什麼呢？因爲眾生的根性、欲望個個不同。我隨順眾生的根性欲望，而演說種種的法門，這是引導眾生進入眞實法門的方便說，不是我悟到的無上正覺智慧。因此，以種種方便所教化的人們，其境界各有差別，非眞實得道，不能速成無上正覺。」

猶如大梵鐘聲劃破黝暗黑夜，黎明已來臨，一輪旭日冉冉東昇，光明射入他的心中。往日糾纏心中的疑團，頓時雲開見日，內心一片澄明通暢。

「啊，終於找到世尊解說眞意的妙經！」

年輕的智顗目光炯炯，歡心踴躍，隨著那份法喜，確立了「法華最爲第一」的信心。

智顗進入大賢山道場，經過二十多天後，某一日——

他正埋首於法華三部經，忽然出現一位沙門。來的不是別人，正是智顗的師父慧曠律師。他是來看看愛徒的修行情形。

慧曠律師怕打擾智顗的修行，悄悄躡足走近。看到智顗，慧曠律師差一點

叫出聲來！

「啊！那是智顗嗎？僅僅二十多天，他已完全變成另一個人了，全身充滿著威儀和光輝，他果然是塊璞玉，已漸漸展露出光芒啦！」

慧曠律師既驚又喜，臉上浮起了寬慰的笑容。

❖註釋❖

❶靈鷲山：位於中印度，是如來講《法華經》等大乘經典的地方，如今成為佛教聖地。

04 開悟

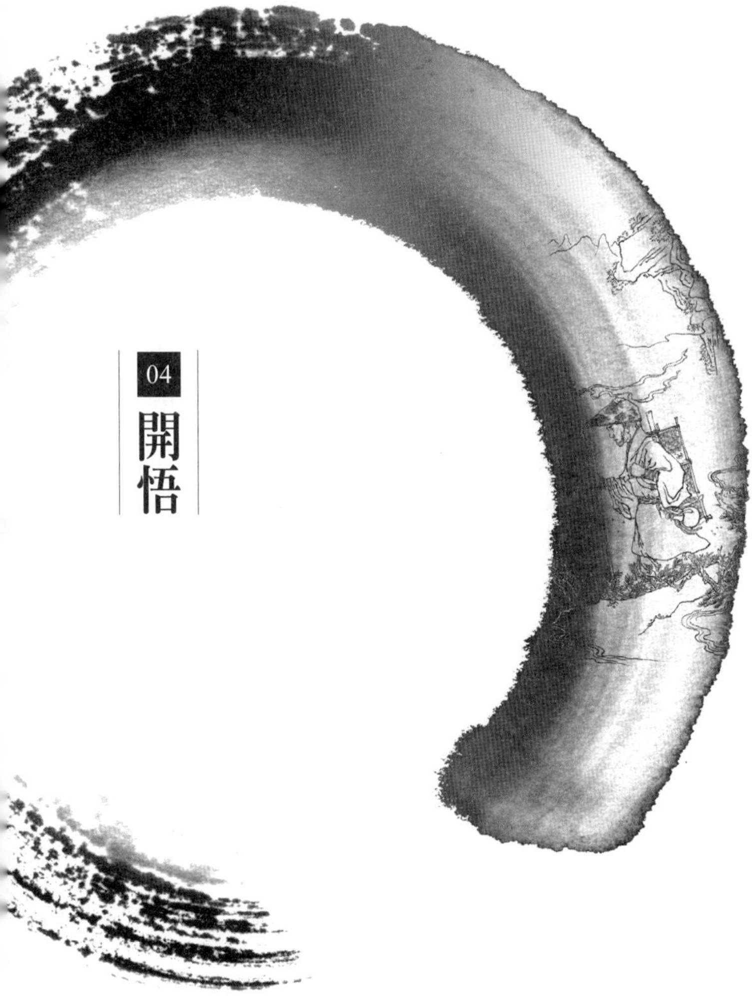

自從大賢山精讀法華三部經，解開心中謎團歸來後，智顗變得沉默了，以往勤於發問的他，不知何故已不再提出問題。

精通經、律、論三學的他，這時對禪觀發生濃厚的興趣。然而放眼整個南方的佛教，注重佛法義理的探討、闡述，但是可以請教的禪師，竟然找不到一個。

找不到可以請教的師父，智顗心中怏怏不樂，只有勤誦《法華經》，鑽研方等的大法藏，藉自問自答的禪悅來安慰自己。

他內心明白：在大賢山所得到的確信，也只是證悟的入門而已，距離開悟的目標，還有一大段距離。若要早日證悟，除了靠本身努力修行外，向前輩求法懇請指導，更是不可欠缺的。

「心中盼求的師父，到底在哪裡？」

不僅衡州、湘州沒有，荊州、岳州沒有，整個江南地區也找不到。他不停地像雲遊僧們及周遊各國的旅人探聽：「何處有可以指導法華的師父？」

終於，光州大蘇山慧思法師的大名浮現了出來。

雖然這位法師的風評好壞不一，但智顗很想見見這位沙門。除了慧曠律師以外，又有誰能了解年僅二十三歲卻已通達經、律、論三學的年輕僧——智顗的心呢？

「短短三年，他已超越我能力所及的境界，果然是塊璞玉，我沒看走眼！」

慧曠律師心裡有著愛徒羽毛已豐的喜悅，但也有著淡淡的離愁。

「我已傾囊相授，再也沒有什麼可以指導他的了……。要與愛徒分離是件痛苦的事，可是當初我是怎樣勸法緒法師的？強留他在身邊，對智顗有好處嗎？……表面上智顗雖未明言，但他那渴望獲得突破的眼神，已向我說明了一切……。」慧曠律師發出一陣苦笑，「今天，換我來嘗『愛別離』的滋味了，我現在更能體會當年法緒法師的心情了……。」

這樣想後，慧曠律師找來了智顗，開門見山地問他：「智顗，你有沒有另投新師的打算呢？」

「……。」

＊　＊　＊

傳聞智顗的母親徐氏懷他時，曾做過這樣的夢——

不知從何處飄來五彩顏色的煙霧，帶著一股香氣，像是霧般在她身邊盤繞，就要鑽進懷裡時，她因訝異而慌忙地想把五彩香煙拂開，這時突然從空中傳來不可思議的聲音：

「因爲宿世的因緣，才把王道託付給你，這是福德降臨，你爲何要趕它走呢？」

徐氏從夢中驚醒，卻找不到發出聲音的人。之後，才知道懷孕了。

王道這名字，就是因爲這個夢的緣故。

智顗的另一個別名叫作「光道」，也有一則傳聞——

當徐氏生產智顗的那個夜晚，陳起祖迷迷糊糊打著盹，等待嬰兒的誕生。

恍惚間覺得一道明亮的光芒從眼前亮起，或許是遠方打雷引起的閃電吧？正在這時，嬰兒呱呱落地的啼哭聲傳了出來。

看著眼前這位俗名叫王道、又名光道的愛徒一眼，慧曠律師繼續說：「我是多麼希望你能永遠留在我的身邊啊！但我不能這樣做。我也是年輕人，自認可以了解你近日的心情。你有沒有另投明師的打算？如果沒有的話，我倒希望由你建一寺院來教導後進。智顗，我想聽聽你的意見。」

「這……，」頓了一下，智顗毫不猶豫地說：「我現在還不到建立寺院的時候。直到今天，我尚未把世尊悟達的眞理徹底了解，怎能引導眾生？我是有過尋找新師父的念頭，可是在江東和江南地區，除了您之外，還有誰可當我的師父呢？」

「智顗，佛教不限於這兩個地帶啊！」

「那麼……。」

「當前有一位高僧足夠當你的師父。我雖僅見過一面，但對他印象十分深刻。這位高僧專弘法華，他曾斷言說：佛陀的最高眞理在於《法華經》！」

智顗的眼眸閃耀出驚喜的光采。

「那位高僧的法名是什麼?駐錫❶在何地?」

「光州大蘇山……慧思……。」

一瞬間如雷貫耳般，智顗心頭猛然一陣強烈的震動。他祕密地渴望一見的人物，不料會由自己的師父口中說出。

慧曠律師知道愛徒已動了心，接著說：「立《華嚴經》第一、《涅槃經》第一來建立法門的高僧很多，但以《法華經》爲第一法門的，據我所知僅有這位慧思禪師而已。他目前在北地與南方之間，陳、齊兩國邊境的光州大蘇山建立道場。智顗啊!我沒提早告訴你這位明師，是有我的顧慮的。一是不想放你走，另一原因是光州已成陳、齊兩軍必爭之地，烽火瀰漫，弓矢橫飛，我怎能放心讓你去冒險呢!現在我告訴你明師的事，至於你願不願意去找這位師父，就由你自己決定吧!」

原本一直難以啓齒的智顗，此時肅然地說：「懇請師父恩准，讓我去大蘇山吧!」

「我必須再次提醒你，光州位於陳、齊兩國國境，充滿了戰爭的火藥味，貿然前往，恐有生命的危險。」

「弟子知道，不過《論語》說：『朝聞道，夕死可矣！』如果爲了求道而死，可謂死得其所，我也心甘情願毫無怨尤！」

多麼堅定的決心！這正是求道者不可或缺的意志力啊！慧曠律師仔細端詳眼前愛徒那張俊逸的臉。這位在果願寺經堂所見稚氣未脫的雛鳳，如今已琢磨成一位出類拔萃的青年僧。那對非凡的重瞳，此刻看來更清澈而明亮，散發出睿智的光輝。

「嗯，既然你心意已決，我們就高高興興地分別吧！」說到這裡的慧曠律師，語音哽咽，離情別緒漲上他的心頭，「只是我沒想到，你會走得這麼快呀！」

這個日子總會來臨的，慧曠律師心裡也明白。只是沒有料到，僅僅三年時間，智顗已修畢自己所教的，眞是後生可畏啊！

「要和教導我三年的恩師別離，實在是依依不捨，心中有太多的感謝。我

曾發願，爲拯救眾生，要把佛法的慈悲用自身來證悟。我這一生，從小就與《法華經》有不可思議的因緣，我有如法華之子。現在恩師替我找到了法華之師，我怎能不去呢？縱然光州是戰亂之地，我也要去拜師請益。」

慧曠律師聽後點了點頭。

「早在三年前，我就知道會有這一天了。智顗，展翅飛去吧！去棲息大蘇山化成鵬鳥吧……早已知道了，智顗，我們會再相逢的……。」

慧曠律師在內心如此反覆說著，努力抑住湧上心頭的縷縷依依離情。

智顗心裡十分明白，光州是戰亂之地，但他仍不顧一切，接受長遠險路的挑戰，毅然前往。他一顆熱血奔騰的心，專心一志地只希望早日拜見大蘇山的慧思禪師。

這眞是一段長遠而危險的旅程，充滿著艱辛和危機，戰爭頻起，兩軍對壘之時，總是錯殺無辜。旅途身心的勞累智顗可以忍受，但戰火下被蹂躪洗劫的村莊，哀鴻遍野，令智顗痛徹心扉。由於個人的私念，一念的無明，彼此爭鬥不休，殃及善良老百姓，眞令人感嘆萬千。只有靠著佛法的明燈，照亮人類內心潛藏的陰暗角落，人間才能成爲樂土呀！

爲了避開戰火，智顗有時隱身於山林中，有時不得不繞道而行。衲衣已破，而且沾滿塵土，腳底水泡起了又破，破了又起。智顗全不把這些放在心頭，只是日夜不停地趕路，希望能早日抵達大蘇山。

行行重行行，月換星移，智顗在戰火瀰漫的地區穿梭前進，幸運地未遭逢任何意外。由於旅途勞累，又未能獲得正常的飲食，身體顯得瘦小衰弱。

他踏著緩慢的腳步前進。這天清晨，他來到了一座山的山腳下，問一位白髮皤皤的老人：「請問老公公，前面這座山叫什麼呢？」

「大蘇山，慧思禪師的道場。」老人笑著答。

「啊！我終於來到大蘇山道場了。」心底湧起了喜悅，將旅途勞頓一掃而光。

「看你的樣子，一定是經過長途跋涉吧？請問你是從哪兒來的？」

「梁國衡州。」

「噢？從那麼遙遠的地方來的啊？在這兵荒馬亂、烽火四起的時候，你能

平安到來，眞是佛陀保佑呀……。」

老人一副吃驚的樣子，智顗微笑地向他道別，邁開腳步走向山道。

＊　＊　＊

「師父，有位青年僧遠從衡州前來求見。」侍者稟報道。

「衡州，好遙遠的地方啊！到底爲何事而來？來者是誰？」

「慧曠律師的門下，名叫智顗。」

「什麼？是慧曠的弟子……，趕緊請他進來吧！」

慧思禪師腦海裡浮現出青年僧慧曠律師的面貌。幾年前曾跟他見過一次面，對他的英姿煥發一直留著深刻的印象，不知他的弟子會是一個什麼模樣？

從門口走進來一位青年僧，雖然經過長途旅程，臉上略顯疲態，可是那對重瞳明亮清澈，射出懾人的眼光，全身透著一股英氣。

智顗見到久聞大名的慧思禪師，即五體投地拜了下去。

「學僧智顗，由師父慧曠律師介紹，特來拜訪，敬請大師賜允教導。」

「歡迎你來！在這烽火連天的光州，危機四伏，你一無所懼，不辭千里而來，眞是辛苦你了。」慧思禪師仔細端詳著眼前這位不可思議的青年僧，臉上出現從未有過的欣喜表情。

「縱然是烽火之地，只要有妙法經師所在，即是靈山淨土！」

慧思禪師莞爾一笑，多麼不可思議的青年僧，說出這種不可思議的話！他若有所思，意味深長地對遠道而來的智顗說：「你正是法華弟子。若不是宿世同結了妙法的緣，我們今日怎能相會呢！昔日在靈山共聞法華的我們，今世又在此重逢了。」

智顗臉上露出驚愕的表情。慧思禪師則開懷大笑，好像這是値得慶賀的一天。

＊　＊　＊

大蘇山上，人人對智顗嚴謹的修行發出驚歎。

「今天智顗又繼續修法華三昧嗎？」

「是呀，已進入第十四天囉！」

「恩師修持法華三昧的嚴格是眾人皆知的，智顗眞了不起。」

「唉！普通人恐怕早就受不了而下山啦！恩師似乎很器重他，對智顗說四安樂行法，又展示普賢道場，讓他修行最難的法門……。」

「他苦修的樣子，眞令人讚歎！沒人供養，缺少資金買油點燈，就利用照射進來的月光誦讀經文和禮拜。」

「沒有月光的晚上，便用松枝火炬來代替照明。」

「像拚了命似地日夜苦修、身體力行，我們跟他一比，眞是慚愧呀！」

「……。」

法華三昧三七之日（二十一日）還有七天才告屆滿，但對智顗來說，這兩個七日感覺上只像是一瞬間，他的內心充滿法喜，正信心十足地朝向甚深無量的開悟境地前進。

彷如金色世尊就在眼前，他恭恭敬敬讀誦著《法華經》：

《妙法蓮華經・藥王菩薩本事品第二十三》。

爾時宿王華菩薩白佛言……。

這是宿王華菩薩問世尊：「藥王菩薩遊化娑婆世界是什麼因緣？」求佛陀解說。

世尊告訴他：「過去無量恆河沙劫前，日月淨明德佛在世時，有一天，佛陀爲一切眾生喜見菩薩（即過去世的藥王菩薩）爲首的菩薩和聲聞❷們說《法華經》。一切眾生喜見菩薩聽後，便照佛所說的精進修持，並做了許多眞心的供養，因此開悟進入三昧境界……。」

當智顗讀到：

其中諸佛同時讚言：「善哉，善哉！善男子！是真精進，是名真法供養如來……。

突然聲音中斷下來。這時智顗已入禪定❸。入定的智顗，好像看到自己，正是過去世的藥王菩薩，燃身供養諸佛及《法華經》，皈命《妙法蓮華經》。自此他開悟了！

剎那間，身心豁然開朗，法華之光若旭日東昇，光芒耀眼，照射整個宇宙，照出諸法的實相。

智顗不到二十一滿願的日子，十四天就開悟，如此不平凡的弟子前所未有，而且年僅二十三歲，眞是「青出於藍勝於藍」，慧思禪師比誰都來得高興。

師徒對坐談笑風生，在智顗開悟後一連談了四天四夜。

慧思禪師把法華三昧的奧義及親身體驗詳細道出，毫不保留地將心中祕藏的佛義源源說出。智顗把慧思禪師所言的一字一句全盤吸收，進步神速。慧思禪師愈來愈喜歡這位弟子，恨不得把自己所有的法寶，全部都傳授給他。

「法華之燈，已有傳人……。」

慧思禪師欣慰的心情，是別人無法體會的。

❖ 註釋 ❖

❶駐錫：禪林中指僧人居留在一個地方，又叫作掛搭、掛錫。

❷聲聞：聽聞佛法而開悟的聖者。

❸禪定：心不散亂而住於一境的狀態。

05

傳燈

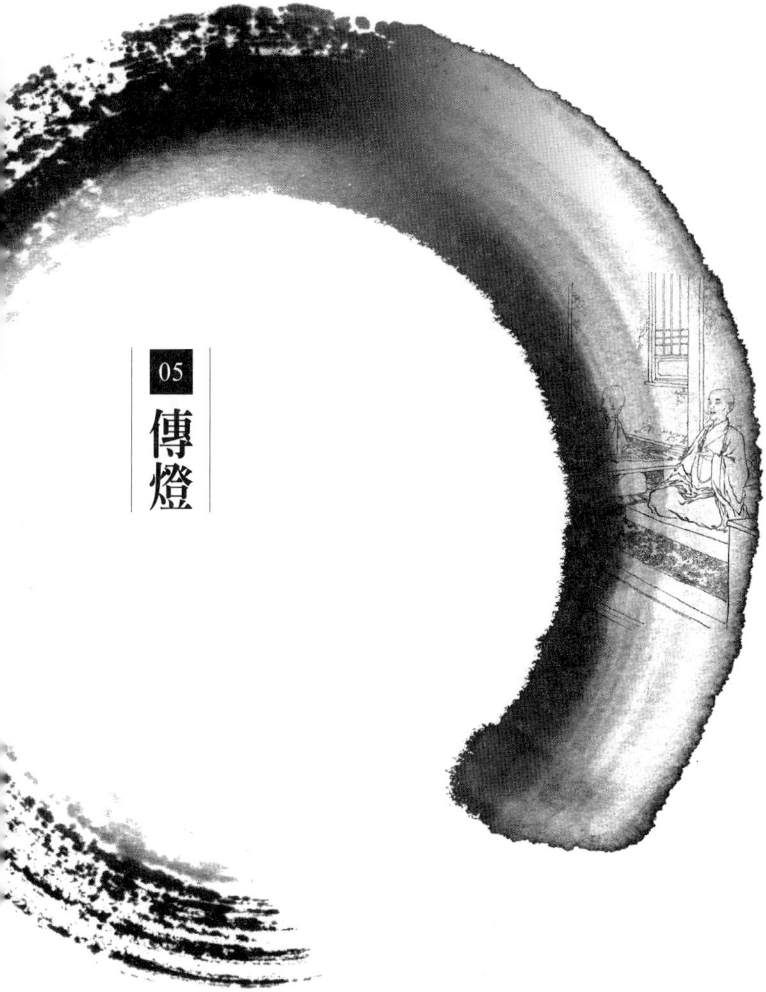

是的，智顗正是那《法華》之燈的繼承人，依法華三昧所悟達的至理，已使他於今世現身就能悟到佛陀境界。璞玉已去掉蒙在上頭的塵土，閃耀出它的熠熠光華……。

在一次跟慧邈禪師的「論戰」中，智顗展現出他無礙的辯才。

這位慧邈禪師，言行舉止十分怪異，常常故意引人側目。不知是修行走了岔路，或根本未到家的關係，竟然口出狂言，對慧思禪師極盡污蔑之能事。

「我所說的法才是佛陀的眞正心意，也是獨一無二的獅子吼。其他法師所說的法如同野狐叫囂般，哪能與我相提並論。」

當他聽到有人提到大蘇山的慧思禪師時，嗤之以鼻地加以嘲笑說：「哼！大蘇山慧思那傢伙啊，在我眼中只是一個心眼未開、愚蠢無知的人，各位千萬別被他迷惑了！」

與其說他是禪師，不如說他是個魔鬼神者。可是他能言善道，佛教知識又廣博，往往說得天花亂墜，不懂佛法的人，往往把他當高僧看待。

慧邈禪師的一番狂言亂語，在市井之間廣爲傳開，一向置之不理的慧思禪

師，警覺已到非加以正本清源不可的地步了。爲了保護正法，他毅然決然指派智顗和他辯論對抗。

於是一場正法鬥邪法的辯論法會開始了！台下擠滿黑壓壓的人潮，台上分別坐著慧邈和智顗兩位禪師。

慧邈禪師一看對方竟是個青年僧，心想：「哼！這麼一位乳臭未乾的小子，也敢與我論法！不費吹灰之力，我必說得他啞口無言，敗盡他師父慧思的面子！」想到這裡，不懷好意地笑了起來，壓根兒不把智顗放在眼裡，露出了輕敵之心。

隨即，慧邈發揮他的博學，以尖銳的語氣大肆批評、謾罵慧思以法華爲第一的教風。他的口才的確一流，一番旁徵博引，獲得台下熱烈的掌聲。

智顗一無所忌，好像成竹在胸似的，等他說完一個段落後，不慌不忙地反問道：「聽說禪師自喻爲獅子吼，吾師則爲野狐叫囂，這話眞的是你說的嗎？」

「沒錯！正是我說的，怎麼？你不服氣嗎？」慧邈一副咄咄逼人的樣子。

「禪師應該明白，獅子吼是比喻佛說法時的聲音。」

「我當然知道，還用你這個臭小子來教我嗎？你給我好好記住，我的說法與佛陀一樣，無二無別！」

「與佛陀一樣，無二無別？」

「哼！你明白就好了！」

「可是禪師似乎並不明白，世尊在《法華經．法師品》裡說：『若能於後世，受持是經者，我遣在人中，行於如來事。』這是佛陀親口說的，受持《法華經》的行者才是眞正與佛陀一樣。慧邈禪師輕視《法華經》，否認如來所說，怎能說與佛陀一樣，無二無別呢？」

「……。」

「〈法師品〉有如此的記載：『若於一劫中，常懷不善心，作色而罵佛，獲無量重罪。其有讀誦持，是《法華經》者，須臾加惡言，其罪復過彼。』吾師慧思禪師是法華第一行者，慧邈禪師辱罵吾師，即將獲無量重罪。吾師行如來事，弘說法華，才是獅子吼，慧邈禪師用狡智邪法來迷惑眾生，不正是野狐

叫囂！」智顗引用佛經侃侃而談，駁斥慧邈的邪說。

「這……。」慧邈聞之語塞，氣得滿臉通紅，但因對方引經據典，無從反辯，內心急如焚火，卻苦無對策而退居下風。這時的慧邈，眞是如坐針氈啊！

接著，智顗向台下聽眾深入淺出地講解正法的眞義，深深地植入他們的心中，宛如切斷迷徒心上的結、邪義的絲。

慧思禪師接到智顗挫敗慧邈的捷報，欣慰無比。他慶幸法華傳燈有人，更深信智顗必能無負所託，將法華的奧義弘揚於世。

時光荏苒，春去秋來，不知不覺間，智顗來大蘇山已是七個寒暑了。

有一天，慧思禪師把智顗叫到方丈室來。

「有樣東西讓你瞧瞧。」

一看，原來是慧思禪師歷經長久歲月，用金字辛苦寫成的《大品般若經》四十卷和《法華經》八卷。

智顗發出一陣讚歎。

慧思禪師笑了笑，說：「我想配合經典的完成，舉行一個盛大法會，來講說佛法奧義。」慧思禪師的笑中暗藏玄機。

智顗高興地說：「眞是一個好因緣啊！我已覺得度日如年，迫不及待地想躬逢其盛呢！」

「哈、哈、哈……。」慧思禪師笑得更大聲了，對著莫名其妙的智顗說：「度日如年，迫不及待地想躬逢其盛的人，應該是我才對呀！因爲在法會上宣說佛法奧義的人，正是你呀，智顗法師！」

「啊？」智顗吃驚地望著師父。

「哈！哈！這次法會我只講提示，由你來代講經文釋義，你好好準備吧！」

「由我代講？」

「不錯！還有讓你更驚訝的事。法會當天，慧曠律師將應邀出席，他也是度日如年般，迫不及待地想躬逢其盛呢！哈、哈、哈……。」

「慧曠律師，他……。」

慧曠律師是智顗非常懷念的恩師，在大賢山給予他精讀《法華經》的機

會，又忍痛割愛讓他投向大蘇山慧思門下，他怎能忘記？七年未見，不知恩師……。

意味著法燈相傳的盛大法會終於開鑼了！法會莊嚴隆重，無論出家僧或在家眾，無不引頸企盼慧思禪師宣講佛法奧義。

但出乎大家意外的是：慧思禪師講完提示後，竟然由弟子智顗代講。台下議論紛紛，交頭接耳之聲此起彼落，有人因不能親聆慧思禪師的講演而口出怨言。

不過等智顗開口代講，口若懸河極其流暢地闡述佛法奧義之後，現場一片鴉雀無聲，聽眾再沒有任何埋怨了。

佛法的甘泉自智顗口中汩汩流出，嘩啦嘩啦流過人們心田，洗去心中鬱積的不快，身心頓感一片自在。沉浸在聞法的喜悅中，聽眾個個歡心湧動，面露無限欣喜的表情。

「七年未見，他果眞化身爲振翼千仞的大鵬鳥了……。智顗啊！我和法緒

法師果然沒看走眼，你是佛門的龍象……。」聽到智顗說法，最高興的是慧曠律師，他手持如意，始終笑容滿面地在台下靜靜聆聽。

他接到慧思禪師邀請參加金字經法會而千里迢迢趕來，原想只是會見多年不見的智顗，沒想到竟能列席如此令人法喜充滿的講經盛會。

慧思禪師手持如意，也是笑容滿面，內心一片欣慰：「傳燈有人，從此可以安心了！」

一連數日，法會才告結束。代講成功，智顗獲得很高的評價，讚美的話從聽眾口中源源傳出。

聽完智顗舌燦蓮花、辯才無礙的精彩演說，慧思禪師高興地說：「曠師，您的高徒說法如同獅子吼，這次法會十分成功，特別向您致敬。」

慧思禪師衷心地表示謝意，感謝他的割愛，讓智顗到大蘇山來。

慧曠律師回話說：「不！不！應該說是慧思禪師的高徒才對，是您教導有方，智顗才有今日的成就。」

「哪裡，哪裡！」慧思禪師笑著說：「智顗有今天的成就，功不在我，應該是《法華經》吧！」

兩人相視而笑，都以擁有智顗這麼一位高徒感到得意與榮耀。

慧曠律師走向剛演講完的智顗：「智顗，你的代講非常精采，恭喜！恭喜！」

「謝謝師父，您過獎了！」

這時慧思禪師開口了：「我特地請曠師到大蘇山來，是另有一件大事想跟他商量，他已同意我的看法。」

「慧曠師父不是單爲參加金字經法會而來的嗎？」

「智顗，你聽我說。曠師老早就擔心我樹敵太多，恐遭意外，勸我到衡州南嶽隱遁下來。自我敲響法華第一的法鼓，高舉法旗，招惹不少怨妒，惡論師們圖謀下毒殺我，多次幾乎瀕臨死地……。爲了正法而犧牲身命，本不足惜，唯一顧慮的是：如何將我所悟達的妙法，傳燈給年輕弟子？」

「師父還想去南嶽弘法嗎？」

「爲師正有此意，我可以放心去南嶽了。智顗啊！我現在正式將法燈託付

與你，做爲我的傳人。你要盡力把法燈高懸，教化眾生，千萬別做最後斷種的人。」慧思禪師叮嚀著愛徒：「智顗，你到陳都去吧！梁武帝曾把陳都金陵（建康）建設成一繁榮的佛都，那裡與你有緣，去那裡弘法利益眾生吧！」

「是的，師父！」

＊　＊　＊

三十歲那年，智顗率領法喜等二十七名弟子離開大蘇山，踏上前往陳都建康之旅後，慧思禪師也帶著其餘的弟子們一路向衡州南嶽前進。

06

弘法

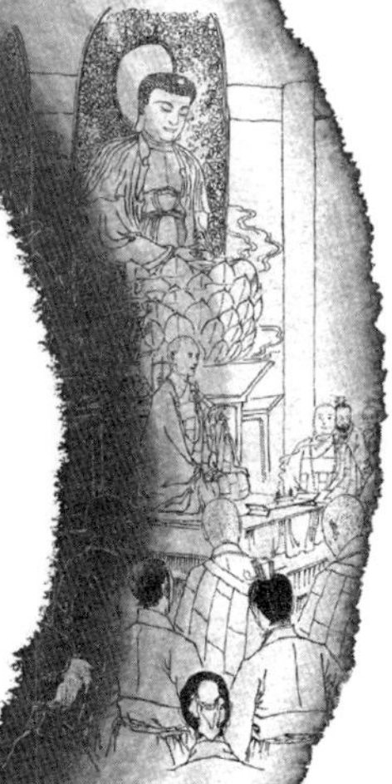

金陵（今南京）自春秋時代就已是個著名的地方。三國時代稱作建鄴，晉代改稱建康，是一擁有悠久歷史文化的首都，人文薈萃之地。

智顗住進金陵瓦官寺後，廢寢忘食闡揚禪理，督促弟子專心修行，磨練觀慧。對來訪的求道者，針對個人不同的根器因材施教，適切地引導入門，令其初嘗禪味而樂於繼續修行。

爲了報答師恩，弘揚法華奧義，他四處演說湛深的正法，令聞法者法喜充滿，身心清涼。聽說智顗要說法，不管在家眾或出家僧無不爭相傳告，會場經常被擠得水洩不通。

智顗在金陵颳起一陣旋風，首都到處傳遍了「名叫智顗的年輕沙門在說未曾有的法門」的消息。

連以禪學自豪的法濟禪師，也在聽了智顗論法後，心悅誠服地甘拜下風。

享有盛名的大忍法師，在蔣山道場聽完智顗說法後，大加讚歎，表示激賞。

情況還不只如此，被當代稱頌爲「四友」名僧的長干寺住持慧辨法師、興

陀佛

皇寺住持法朗法師、禪樂寺住持慧勇法師、棲霞寺住持慧布法師等傑出高僧，一個接一個地對智顗心服口服。

智顗年輕的血液裡，迸射著佛理的光與熱，經常是席不暇暖地到處弘法。

俗語說：「一分耕耘，一分收穫。」智顗颳起的佛學旋風，不僅在民間造成大流行，也吹進了王宮內院。

這一天，天氣格外晴朗，很多王公大臣的車駕朝瓦官寺奔馳過來，引來路人的議論紛紛。

「怪了，到底發生了什麼事情？」

「對呀！眞怪，怎麼有這麼多的王公大臣來到瓦官寺，難道要舉行法會嗎？」

「什麼？你們還不知道啊！今天智顗法師要在瓦官寺講《法華經》，皇上特旨停止上朝一天，諭令百官來聽智顗法師講經說法。」

「原來如此，難怪有這麼多的車駕來到瓦官寺。這位智顗法師年紀輕輕的

就有這樣能耐，眞是了不起！」

官居儀同三司的沈君理在車上看著那些議論紛紛的民眾，臉上露出了得意的微笑。這次的講經是由他的請求而開講的。他腦海裡浮現出認識智顗法師的因緣——

當世第一文豪徐陵三番兩次向他提到智顗法師。

「金陵來了一位了不起的年輕沙門，法號智顗，你認識嗎？」

「……。」

「這人的父親叫陳起祖，跟我和令尊是好朋友，曾在江陵時共同侍奉元帝。」

「哦？」

「我非常懷念故友陳起祖，心想去看看他的兒子也好，因此造訪了瓦官寺。」

「後來呢？」

「後來我恭聆了他的講法。出乎我意料之外，那麼年輕的他，竟能說出我前所未聞的法門，剎那間我像被雷擊般，內心受到強烈的震撼。有空，你一定要去看看他……。」

當時沈君理並未把這件事放在心上，只是在心湖泛起圈圈漣漪而已。

後來，智顗法師聲譽日隆，除了高僧讚歎外，老文豪徐陵也皈依了他，沈君理心裡不禁想著：到底是什麼原因能獲得當代大文豪如此地器重？

沈君理跑去問徐陵。徐陵回答說：「我生在動盪不安的時代，生命中有著太多的無奈和悲悽。兩眼親見飽受戰火洗劫下的遍野血腥，兩耳親聞百姓遭受劫難的痛苦哀鴻。我不禁想著：爲什麼人不能互相信賴，和樂共存？我對人友愛、誠信，朋友卻以背棄、欺瞞回報！我很努力地想找出人間的一線希望，因此藉著手中的筆來抒發我的情感。」

「你的文名威震八方，人人稱讚。我不懂的是，你何必自貶身價，以一位年長者和大文豪的身分去皈依一個年輕的沙門？而且聽說你在禮拜智顗法師時，雖然腳下有泥水，你也不避開。」

「不錯！聽智顗法師講觀慧自在法門後，我對佛法有了新的體認。過去不

經意所看的經典，好像重新注入了生命。跟佛理的圓融無礙相比，我的文章有如糟粕。那夜我終因興奮而失眠了……。」

能讓一代文豪如此恭敬讚歎的，一定是個不平凡的人吧？沈君理再也按捺不住心中的好奇，有一天約了徐陵一同走進瓦官寺的三門。

首次聽智顗講法的沈君理，感覺自己是根小鐵釘，被智顗大磁鐵般的說法力量深深吸引住。沒多久，也皈依在智顗門下，同時住進瓦官寺修行大乘頓悟法門。從此，他也全力護持智顗。

今天，能在瓦官寺舉行這場法會，便是沈君理護法的具體表現。他向宣帝極力說明智顗法師的高德風範及不可思議的法門，宣帝聽了心動，下令停止一天上朝，改到瓦官寺聽智顗法師講道。

法會即將展開，身爲策畫的沈君理，看著瓦官寺裡華衣繽紛，冠蓋雲集，內心十分欣慰。這時，他的一位屬下快速走近，低聲說道：「有個小道消息，聽說小莊嚴寺慧榮要來問難，而且放出豪語，說要破智顗法師的法門。」

「哦？」沈君理的笑容不見了，霎時臉色凝重地說：「這件事有沒有告訴智顗法師？」

「還沒有。」

沈君理正想採取必要的措施，但這時法會已經開始。

「糟了！」

智顗法師緩步登上法座，會場立即鴉雀無聲，一片肅靜。接著法會儀式開始，按照程序一項項進行，然後進入今天最主要的主題——智顗法師《法華經》經題的講解。

沈君理心裡一直七上八下，焦慮得坐立不安。存心找碴的慧榮小有名氣，智顗卻對有人存心要他難堪的事一無所知。

這天智顗的說法甚爲微妙，讓人山人海的觀眾聽得個個渾然忘我。王公大臣也是個個法喜充滿，不停地點頭。沈君理沉浸於法味中，暫時忘了憂慮之事。

就在智顗演說剛停，小莊嚴寺的慧榮倏地站了起來，內心充滿妒嫉的他，

爲了今天的挑戰，不知已悄悄準備了多久。他手持羽扇，吊起雙眉，舌鋒銳利，擺出一付刁難的姿態接連提出許多難題，存心難倒智顗，要他下不了台！突然之間，會場氣氛沉悶，瀰漫著緊張的氣氛。

智顗卻一點也不慌張，反而高興能藉著問題把佛理未明之處，做更詳細具體的解說。原想置智顗於窘境故意論難的慧榮，萬萬沒想到如此一來，反而凸顯了智顗的偉大。陶然忘我的那種興奮與感動，再度扣住了聽眾的心弦，也使慧榮看清了自己的愚昧行徑。

撲通一聲，慧榮手中的羽扇掉落地上，頭垂得低低的，辯論的優劣已很明顯。沈君理放下心中的石頭，臉上浮出會心的微笑。

元帝及大臣目睹這場辯論，對智顗的修持無不留下深刻的印象。

從此，智顗法師高名遠播，不惜千里而來、只爲得到一句法義的民眾，絡繹不絕。

智顗在官瓦寺總共居住了八年，度眾無數。

有一天講經過後，智顗回到寮房休息，閉目養神，不知不覺已入禪定之

中。

入定中，智顗走出了瓦官寺，走著走著，忽然來到一處海邊，眼前出現波濤萬頃、海天一色的景色。極目遠眺，海連著天，天連著海，無涯無際。只見沙鷗點點，飛翔於起伏不定的波浪間。

他回過頭來，海岸上的高山，巍峨矗立著，像個高聳的巨人。山間白雲繚繞，彷若仙境，經陽光一照射，頓成五彩繽紛的祥雲。

智顗正被這大自然的奇景所吸引，突然看見山上有個人影，伸長了手臂向他招手。

「他是誰呢？似乎是召我上山。」

智顗這樣想後，也招了招手，朝山上跑去。

山上那人也走了下來，正當他們快碰面時——

「請師父用齋！」

就是這麼一喊，把智顗從定中喚醒了過來。

「哦！原來我還坐在寮房裡。」

智顗吃過飯後，把弟子找來，將定中所見地形詳詳細細說了一遍，問道：

「你們知道這是哪個地方嗎？」

有一個弟子站出來說：「我知道，只有天台山才有這樣的山景、海景。師父所見的海就是東海，所見的山就是會稽山（位今浙江紹興）。」

「哦？」

「這座天台山，自東晉以後就享有盛名，很多高僧大德在那裡住過。」另一個弟子補充說。

於是，智顗在心裡暗暗有了決定。天台山與我有緣吧，是我離開瓦官寺的時候了！天台山在向我招手，去那裡專心修行，以求更深的悟境吧！

智顗法師將入天台山的消息，有如晴天霹靂，很快傳入了建康宮中。宣帝即刻下詔，要智顗改變入山的念頭。僕射徐陵居士滿頭白髮，哭倒在三十八歲的年輕師父面前。許多弟子也前來勸請師父繼續駐錫瓦官寺，但智顗始終堅定如一，並未改變他的心志。

這年（太建七年，西元五七五年）秋九月，智顗離開瓦官寺向天台山出發。被智顗指派留在瓦官寺繼續度眾的法喜法師，也曾為師父的前往天台山感到疑惑。最後他憶起有一天智顗法師召集弟子，無限感慨地說：「我來到瓦官寺的第一年，有四十人入門求道，經勵精修行後大約有二十人得法，我感到十分欣慰。第二年有一百人在寺中修行，得法的也是二十人。第三年有二百人修行，得法的反而減少為十人。從此以後，年年前來修行的人有增無減，但得法者卻年年降低。如果只是迷醉於輝煌的盛況，而愚昧地忽略了得法的佛教本旨，是多麼可悲可嘆的事啊！」

回憶著這段話的法喜法師，終於體會到師父的用心，不知不覺間，眼眶溢出晶瑩的淚珠……。

07

入山

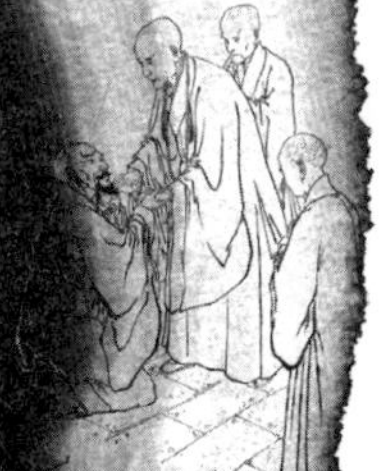

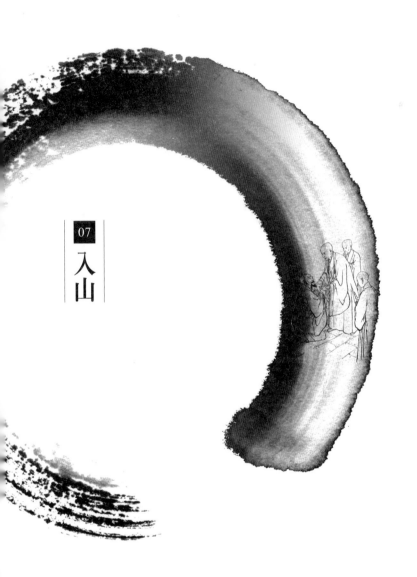

決定以身作則的智顗法師，帶領著慧辯等二十多位弟子，離開繁華熱鬧的金陵，前往會稽的天台山上隱居。

天台山因其地與天的三台星互應而有名，昔日傳說爲不老不死的靈山，也被喻爲蓬萊山。山中高峰聳立，層巒疊翠，終年雲霧繚繞，有若仙山。

智顗法師走進山中，驚訝地發現和定中所見，竟然一模一樣。他邁開腳步，欣然地向山裡走去。

走沒多遠，赫然發現山上矗立一幢佛寺，走近後，看見一位老和尚率領著徒眾列隊歡迎他們。

那位老和尚說話甚是奇特，開口就說：「早就知道你們要來了，一切都已準備妥當，暫時在這裡安居吧！」

智顗法師雙掌合十向老和尚問道：「請問和尚法號？」

「貧僧法號定光，在天台山已隱居四十年。」

「請問定光法師，您怎麼會早就知道我們要來天台山呢？」

「哈、哈、哈……，」定光一陣大笑後說：「那次你入定後，我站在山頭

伸臂向你招手的事，難道你忘記了嗎？」

「哦？」

「自從那次相見後，我吩咐弟子多種些大豆、高粱、芝麻等農作物，你們一來就不愁沒有吃的了。我也交代山中婦女，多編造一些蘆蓆、蒲團，做爲你們的坐臥之用。智顗法師，放心在這裡住下來，你們需要的東西，我全準備齊全了！」

「阿彌陀佛！有勞定光法師煩心，爲我們作了周全的準備，眞是感激不盡。」

「不用客氣！旅途勞累，快入內休息吧！」

智顗法師內心一片欣喜，看樣子他和天台山果眞有著不可思議的因緣。

隨後，智顗法師棲止於華頂峰，精勤獨修，道行日深。在天台山的十個年頭中，他完成了天台理論的全部論據，而首創我國的佛教宗派「天台宗」！又因天台宗以《妙法蓮華經》爲主要依據的經典，所以又叫作「法華宗」。

「稟告師父，寺外來了一位中年人，他說是您的親人，有要事求見。」侍者慧辯進來說。

「我的親人？」智顗法師腦裡浮現出哥哥陳鍼的面孔，莫非是他？

「快請他進來！」

自投入佛門，兄弟兩人未曾再見過面，二十多年過去了，與哥哥在果願寺的離別，想來彷彿就像昨天剛發生一般，時光匆匆，眞是既快速又無情呀！兄弟別後，智顗出家做沙門，陳鍼則往仕途發展，兩人走的是兩條完全不一樣的路。

慧辯帶著一位瘦弱的中年人進來，他一見智顗法師，五體投地拜了下去。

智顗扶他起來，沒錯，眼前的中年人是分別二十多年未見面的親哥哥陳鍼，可是臉色怎麼如此蒼白，身體怎會如此虛弱？

「智顗法師，請救我……！」陳鍼說完這句話後，再也壓抑不住內心的悲

＊　＊　＊

痛，眼淚簌簌而下。

「哥哥，究竟發生了什麼事？」智顗法師的語氣雖平淡，但聽得出來充滿了兄弟間的關愛之情。

陳鍼向智顗法師娓娓道出他前來求救的原委。

四十歲的陳鍼，已充任梁晉王的中軍參軍要職。這年身體欠安，經常生病，雖然藥不離身，但病情並未好轉，臉色失去了光澤，呈現衰老之相，生命之泉正一滴滴地流失……。

在求醫無門的情況下，他想到了名叫張果的仙人。據傳聞，張果仙人的眼力能透視人的命運，所說的預言從來沒有差錯過。陳鍼去找張果仙人看命。仙人一見他的面，搖了搖頭說：「你的死相已開始顯現了。」

「你說什麼？」

陳鍼懷疑自己的耳朵是否出了毛病，他無法相信這一句不吉祥的話。

「我說你的死相已經顯現出來啦！」

「啊！」陳鍼又是愕然一驚，嘴裡喃喃說著：「我還能活多久？」

「不會超過這個月。」

張果仙人說得那麼肯定，陳鍼像個被判了死刑的囚犯向縣太爺求饒般說道：「有沒有破解的方法能逃過這次的死劫？」

「非常遺憾，沒有。」

眼看著自己即將步入死亡的陳鍼，內心充滿了死亡的恐懼，從此睡不安枕，食不知味。他學得作戰時如何衝鋒陷陣、英勇殺敵，可是卻不知道如何去面對自身的死關。死亡的陰影日日夜夜糾纏著他，原就病魔纏身的他，雪上加霜，已成風中的蠟燭，隨時都有熄滅的可能。

在絕望的時刻，最後終於想到弟弟王道。此時弟弟已是名滿天下、轟動佛教界的高僧，廣受王親大臣和信徒們的尊敬和仰慕。

弟弟王道，哦，不！智顗法師，是陳鍼求生的最後一線希望。

陳鍼抱著九死一生的心情，來到天台山。他心裡想著：如果死亡是天註定的話，見見弟弟最後一面也好……。

智顗法師聽完哥哥的話後，平靜地對他說：「哥哥！命由心造，你不用擔心，照我說的方法去懺悔修行，若能精進修持，便能把罪業懺除，一定能改變命運的。皈依佛門吧！體認自性，廣修慈悲的大乘佛法，這樣不僅能改造你的命運，還能使你永保一顆自在快樂的心。」

當天，陳鍼立即皈依佛門，並依照智顗法師的指導，虔誠地修行方等懺法❶。

一天、兩天、三天……日子一天又一天地過去，陳鍼的心境已有了很大的轉變。剛開始時，如溺者求救，在水中拚命掙扎，既驚慌又害怕。但當心念漸漸安定了下來，專心進入佛法三昧之後，便被說不出的法喜包圍著，早把張果仙人的「死亡宣判」忘得一乾二淨。不知不覺間，已經度過了一個月的死亡限期。原本蒼白的面孔也已轉爲紅潤，骨瘦如柴的身子也變壯了！

陳鍼對於佛法的不可思議力量和改造生命的奇蹟，已經親身體驗到了。

「弟弟智顗所走的佛法道路，賜人新生，是多麼偉大啊！想當初我不高興他出家，自認爲踏上仕途才有益於國家社會，眞是愚蠢的想法啊！」陳鍼在佛前懺悔著：「慈悲的佛陀，原諒我過去的愚行吧！如果當初因爲我而斷了弟弟智顗的出家路，人間少了一位擎著智慧明燈的高僧，我的罪過將有多大啊！」

悔過交雜著無限的感恩，陳鍼在佛前痛哭不已，淚水浸濕了衣衫。

離開天台山回到俗界的陳鍼，依然繼續修行，據說整整多活了十五年。

有一天，又戲劇般地巧遇很少露面的張果仙人。

「仙人，別來無恙吧！你還記得我嗎？」

陳鍼向仙人打招呼，仙人盯著他看了老半天，才說：「記得！記得！沒想到還能見到你。你到底服了什麼仙藥，竟能奇蹟似地活到今日？」

仙人一臉地詫異。

「我是聽從弟弟智顗法師的勸導，精勤修行佛法，才能活到現在。」

「什麼？你說的是智顗法師嗎？原來如此……。」

張果仙人若有所悟地讚歎道：「假若沒有佛法的力量，怎能超越死神而活下來呢？你去找智顗法師幫忙，真是明智之舉啊！」

＊ ＊ ＊

十五年後，智顗法師的名聲更是響遍天下，終成一代大師。他前後棲止天台山共達二十二年，一生中建造大道場三十六所，度人出家爲僧有一萬五千人。

智顗法師創立的天台宗，曾於九世紀初遠播日本，十一世紀末又傳入韓國，成爲影響世界的佛教宗派。

他融合南北佛教各家的義學和禪觀，並吸收中國傳統思想而形成中國化的佛教理論，不僅造成隋唐以後佛教各宗派的興起，而且對爾後整個中國學術思想的發展，都產生了廣泛又深遠的影響。

雙瞳神僧智顗法師，創立了中國佛教史上的一個宗派，也是把佛學中國化的第一人。他求道的意志力，弘法的悲心和願力，以及處世的清醒與智慧，留給世人永難磨滅的印象。在五十四歲時，隋煬帝賜號「智者」，從此巷間都尊稱他爲「智者大師」，有時人們也稱他爲「小釋迦」，以表達內心尊崇之意。

❖註釋❖

❶方等懺法：為智者大師依佛經所創立的修行法門。循此儀式誠心懺悔所造罪障，期能延年增壽，得現世利益。

佛學視窗

- 時代背景
- 天台宗
- 智者大師對中國佛教的影響
- 智者大師年表

時代背景

智者大師（西元五三八～五九七年），法名智顗，字德安，隋煬帝敕賜「智者」的名號。由於他長期隱居於天台山，當時的人都尊稱他爲「天台大師」。他的人格高超，教義與禪修雙全，因此也有「東土小釋迦」的美譽。智者大師所處的時代，適逢魏晉南北朝（西元二二〇～五八九年）及隋朝（西元五八一～六一八年）的亂世。這個時期的中國，不僅在社會、經濟、政治的局面上很混亂，佛教界的佛學發展亦不統一。在此一混亂的時代，佛教有如一股清流，帶來導正社會風氣的力量，而智者大師的修持與思想，更使佛教逐漸地整合。

社會民生與佛教

智者大師當時的中國，政權分爲南北二朝，南方歷經梁、陳二代的更迭，而北方則正值五胡六國的混亂狀態。南北朝各自內亂不斷，又有北伐、南討

的企圖，導致整個中國戰亂連連，百姓流亡，死屍遍野，政治極不穩定。

不僅整個國家戰況不斷，政府的官制及兵制上亦均有弊端，造成了社會到處充斥著不平等、不合理的階級意識，使得人心受到極大的壓抑和委屈。

由於政治長期分裂，政權又多以武力替換取代，造成田園荒蕪、商業蕭條，交易、賦稅也多以實物代替貨幣，經濟瀕於崩潰。在此情況下，社會動盪不安，百姓流離失所，像是生活在人間地獄一樣。

在政禍不斷、民不聊生的時代，正是文化思想興盛的時代。而且當時經學趨於衰微，思想界也處於空虛的狀態。蘊藏豐富義理、兼具慈悲智慧的佛教，在一些高僧的積極弘揚，以及鳩摩羅什等大量的翻譯佛經下，逐漸發展開來。再加上如南朝梁武帝、陳武帝，北朝前秦苻堅、後趙石勒、石虎、後秦姚興，及隋朝文帝、煬帝等篤信並推廣佛法，使佛教廣爲流傳，不僅是社會安定的一股力量，其在學理的研究與修行的實踐，亦在此時蓬勃發展。

佛教的社會功能

佛教在南北朝期間相當鼎盛，除了社會背景適於發展之外，由印度傳入的佛教，本身具備的包容精神，不但沒有和中國固有思想、信仰發生衝突，還進一步互相融合發展。佛教這種包容的力量，幫助了南北朝分裂期間，胡人和漢人的交融，使文化思想的交流變得比較順利。而佛教眾生平等的觀念，也化解了社會階級所形成的怨氣，減少暴戾，增加了社會的祥和。

此外，佛教慈悲度眾、鼓勵布施，所以佛教團體和信徒們，都積極地從事社會慈善事業，或以財力、或以勞力來改善百姓的生活。佛教徒們所從事的慈善事業包括：一般救濟事業、造橋、民眾疾病的醫療、救助獄囚、戰亂時期的難民收容等五個項目。一般救濟包括：布施衣服、糧食，爲人服勞役等，給予窮人直接的幫助。在戰亂不斷、百姓饑饉的時代，有些寺院更成爲社會救濟中心，運用宗教的力量，向富人募集款項，協助鋪路造橋，福利民生。

僧眾中專精醫術的不在少數，如僧人佛圖澄、慧達等均是名醫，他們義務爲百姓看病，減輕病人的痛苦。在救助獄囚方面，由於隋文帝、煬帝均篤信佛

教，每每在大法會後釋放獄囚，以開皇五年（西元五八五年）文帝受菩薩戒時，獲得減罪與釋放的囚犯最多，高達二萬八千餘人，並請僧眾向釋放的徒眾說法開示，使他們能向善；有的僧人更到監獄去感化、救助囚犯，對淨化囚犯的心靈，不無助益。而在戰亂饑荒的時候，寺院經常負起收容難民的責任，成爲百姓的避難中心，降低了禍亂的傷害，爲人間增添無限溫暖的光輝。

佛學的發展與統一

南北朝政治長期分裂，宗教思想自然有所差異，南北佛學也各有不同的發展方向。佛教在南北朝均相當盛行，但取向並不相同。南朝王室愛好佛教，提倡講學，從而聽講的徒眾雲集。由於王室貴族的倡導與獎勵，使得當時僧眾傾心於經典義學的鑽研。但這種講學風氣，承襲了清談好辯的餘習，很容易因此失去刻苦實踐、反求諸己的求道心。

至於北朝朝廷則獎勵修禪風氣，重視坐禪和誦經，認爲佛果的崇高，並不是依義解可以證得的。所以，以坐禪爲實踐佛道的要訣，較輕視經解，形成北方的禪師以修禪實踐爲本務。

南北朝佛教的發展過程中，歷經北周武帝的毀佛、隋文帝統一南北，及智者大師思想上的倡導，使佛教逐漸地統合。北周武帝的毀佛，使北方的僧人紛紛往南方遷移，增加了南北佛學接觸的機會；而南方佛書的北傳，也形成了南北佛學交流的風氣。到了隋文帝、煬帝的大力提倡佛教，施行佛教保護政策，僧眾們再度匯集長安，協助隋文帝進行佛教復興工作，對佛學的統一有相當大的幫助。

由於佛學思想不斷發展，各家宗派在無形中開始醞釀，處於這種歷史背景下，身在南方的智者大師，極力整合南朝「輕禪重理」與北朝「重禪輕講」的偏失。他站在中國傳統固有思想的基礎上，一方面大力弘揚北方偏重的禪學，另方面整合印度傳來的各種佛學思想，揉入南方重經教的特色，融各家爲一說，使佛法逐漸呈現解行並重的局面。

天台宗

天台宗又稱爲法華宗，是中國十三宗之一，日本八宗之一。南北朝時，智者大師隱居於天台山十年，潛心鑽研教義及禪觀，整理出一宗的教觀，被尊稱爲「天台大師」，他所立的宗派因而稱爲天台宗。又由於《法華經》是天台宗最爲推崇的一部經典，所以又被稱爲「法華宗」。

天台山

天台山位於浙江省天台縣東部，又稱天梯山，或稱台嶽。天台山北邊和四明山相接，南邊盡頭是雁蕩山，西邊綿延到括蒼山，在最東邊可以看到東海。它的主峰是華頂峰，高度是海拔一千零九十八公尺，周圍有五百里，山巒疊嶂、風景靈秀。

山上的國清寺爲聞名天下的佛教聖地，爲智者大師所建，初名爲天台山寺。大業元年（西元六〇五年）時，隋文帝賜額「國清寺」，頗富盛名。

天台宗的傳承和發展

智者大師爲天台宗的原創者，但其思想源流可由其師承來推衍。大師師事南嶽慧思禪師（西元五一五～五七七年），修習三種止觀法門。慧思禪師則師承北齊慧文禪師（年壽不詳，活動時間約西元五三五～五五七年），學習「一心三智」的要領。而這一脈相傳的思想體系，是淵源於印度龍樹菩薩（約西元一五〇～二五〇年），在其論著中所提出的觀點。所以，南宋士衡法師在其編撰的《天台九祖傳》中，推龍樹菩薩爲高祖，北齊慧文禪師爲二祖（或稱初祖），南嶽慧思禪師爲三祖（或稱二祖），智者大師則被尊爲四祖（或稱三祖）。

慧文禪師，北齊時代的高僧，俗姓高，山東人。禪師幼年出家，窮思苦學經義，當讀到龍樹菩薩的《大智度論》時，恍然大悟，證得「一心三智」的旨趣；再讀到龍樹菩薩的《中論》，頓悟了「空」與「有」不二的中道義理，得到了空、假、中——一心三觀的妙旨。從此慧文禪師承繼龍樹菩薩的教義，弘揚大乘經義，所以天台宗推龍樹爲高祖，並不是沒有根據。

慧思禪師，俗姓李，河南人，是南北朝時代的高僧。他自幼家貧，心愛《法華經》，在十五歲出家，每日一食，勤讀《法華經》，並且精進坐禪。後來他到河南參見慧文禪師，得到慧文禪師傳授一心三觀的法門，自己又依《法華經》，悟得法華三昧。

此外，他不受南北佛學各有所偏的影響，禪修實踐和義理研究並重，在陳代光大二年（西元五六八年）進入湖南的衡山（即南嶽）隱居十年，所以世稱他爲「南嶽尊者」；又因陳宣帝十分推崇他，因此尊稱他爲「大禪師」，後人則稱他爲思大和尚、思禪師。弟子智者大師不但盡得思禪師眞傳，且青出於藍，開創了天台思想體系而成爲一宗之流。

天台宗的理論系統，雖然在隋初智者大師就已經完成，但當時的宗派意識並未明朗，所以只是徒眾甚多，以天台山爲修道中心而已。直到中唐時，六祖荊溪湛然才提出「天台宗」這個名稱，並且等到宗派意識強烈的年代，天台宗才眞正具有鮮明的宗教意義。

另外，天台宗也大大地影響了日本的佛教，因爲日本的傳教大師最澄，在西元八〇四年，隨遣唐使赴中國，到天台山國清寺留學。當時，天台宗六祖湛然大師的弟子道邃和尚在此講說天台三大部，他收最澄大師爲弟子，並在一年後，傳授天台法門給最澄大師。大師回日本後，便在比叡山建造延曆寺，開創了日本的天台宗，弟子數百人，造就多位日本佛教大師，可見中國天台宗對日本佛教的影響。

天台宗以《法華經》為根本教義

智者大師繼承慧思禪師，在各種佛經之中最推崇《法華經》，他的主要代表作《法華玄義》、《法華文句》、《摩訶止觀》，都是以《法華經》爲核心加以論述，由他的弟子灌頂筆錄而成，因此合稱爲法華三大部，又稱爲天台三大部。其中《法華玄義》及《法華文句》是對《法華經》的註解，而《摩訶止觀》是開示修持法門。因爲智者大師的天台思想，是以《法華經》爲根本教義，所以天台宗又稱爲法華宗。

《法華經》是《妙法蓮華經》的簡稱，共七卷，有三種譯本，以北朝鳩摩

羅什的譯本流傳最廣。經文的內容不論是梵文，或是翻譯後的中文本，都有很高的文學價值。

《妙法蓮華經》爲大乘佛教的重要經典之一，是佛陀晚年在印度王舍城靈鷲山所說的一部經典。從字面的意義來看：「妙」是在說明「法」，法法皆不可思議，所以說是「妙法」。由於妙法是很難解說的，又用「蓮華」來譬喻「妙法」，不論「權法」或「實法」，都是妙法，由蓮華的生長，來顯示妙法中權實的關係，猶如蓮與華，所謂「爲蓮故華」、「華開蓮現」、「華落蓮成，蓮成亦落」。至於「經」是經典的意思，在中國，凡是可以稱爲經典的著作，都具有永恆的價值。

整部《法華經》是採用詩、譬喻、象徵等文學手法，來讚歎釋迦牟尼佛成佛以來，現各種化身，以種種方便說微妙法，說明一切眾生均能成佛。雖是以文學的手法表現，卻能契入佛陀教說的主旨。在佛教思想史、佛教文學史上，具有不朽的價值。全經共二十八品，第一品介紹佛說法的因緣，第二至十七品記載佛說法的主要內容，第十八至二十八品則是叮嚀流傳《法華經》的功德。其中的〈普門品〉特別尊崇救苦救難的觀世音菩薩，帶動了觀音信仰的流行，使得天台宗成爲和禪宗一樣普遍流行的宗派，具有簡單而強烈的實踐特性。

天台宗的教義

天台宗的特色是在於教義與禪觀兩者兼顧，在理論上，認爲當下的一念便包含了一切法，只是因迷或悟而有隱有顯。換句話說，當起一念時，即是一切法，而一切法即是一念。這個觀點用在修行方法上，即是將一念做爲觀境，觀這一念是「不可思議境」；這個不可思議境，也就是一切法，又稱三千法。這一念即三千的觀念，便稱之爲「一念三千」。

在修行的觀法上，由於初學者的根機淺，不適合作高層次的觀法，所以須由自己的心觀起，並且以具體的事物爲觀的對象，所以天台宗以「一心三觀」爲初入門的方法。也就是在這一念心中，同時觀「空」、「假」、「中」三諦。

天台宗並認爲這三諦之間的關係不是次第關係，而是同時存在且互不妨

智者大師

礙，可以說是即空、即假、即中，三者圓融無礙，此觀念稱爲「三諦圓融」。

此外，天台宗將佛陀所講授的各種經典，加以分類歸納，以「五時教」來說明佛教各類經典的內容與特色。五時教的分類也代表佛陀說法時，是依照眾生的根性，善巧方便、循序漸進地引導大眾，並以提煉牛乳的味道來比喻。佛陀成道後初次說法爲華嚴時，內容非常深，相當於剛從牛身上擠出的乳味；接著以較淺的內容對程度較低的人說法，比喻爲酪味，稱爲鹿苑時；其後說法的內容漸深，方等時初說大乘佛法，是生酥味；說《般若經》的時期爲般若時，喻爲熟酥味；最後在法華涅槃時，將受教者提昇至最高的境界，比喻爲醍醐味。所以，五時教也被稱爲五味教。

若將「五時教」配合「藏、通、別、圓」四種教化眾生的教法內容來看，便可以顯示五時教所具備的內涵，以及明瞭佛陀化導眾生的教法，此即所謂的「化法四教」。又由於眾生根性有種種差別，在教化的方法上，有頓、漸、祕密、不定等四種，稱爲「化儀四教」。「五時教」、「化法四教」及「化儀四教」三種分類，相互關聯，合稱爲「五時八教」。

智者大師對中國佛教的影響

智者大師可以說是中國佛教承先啓後的最重要人物，對定、慧都有很深入的研究，理論與實際並重，統合了北方偏重「實踐」和南方偏重「學解」的學風，消融幾百年來的南北抗爭，樹立中國獨創的天台教學，無論在經論、禪定、戒律等各方面均有建樹，並自成系統，對中國佛教的影響至深。

他不僅自身持戒精嚴，生活刻苦儉樸，並且鼓勵僧俗弟子受戒，所剃度的僧眾達四千餘人；而跟隨他受菩薩戒者，包括皇室、百官、庶民等不可計數。在禪修上，大師有相當透徹的體悟，於二十三歲便證得了法華三昧，此後將各家禪法匯整，整理出一套止觀理論。在法義方面，他站在傳統中國固有思想的基礎上，努力整理並統合印度傳來的各種不同思想，納百川於一江，提出印度佛學還沒有的圓融三諦、一念三千以及判教等重要的理論，形成中國第一個佛教宗派——天台宗，融合南北佛學，體現中國佛學思想的成熟。晚年爲僧眾立制法、定懺儀，使天台宗成爲一個有創始人、有教理、有教規、有修行方法、

有徒眾之完整教派，爲中國佛教注入一股強大的生命力。

對智者大師而言，佛法不只是深奧的哲學思辯，更是具體的行動方法。在他提出種種學說的同時，也強調發願、知恩圖報、懺悔的重要。他將禮佛懺儀具體地放入止觀的修行中，也鼓勵念佛，對當時的社會大眾影響廣大。大師隱居天台山時，曾在沿海設立放生池，做爲禁漁區，長達數百里，是放生會成立的開端，得到後世極高的評價，大師的菩薩心腸於此也表露無遺。

「眾生無邊誓願度，煩惱無盡誓願斷，法門無量誓願學，佛道無上誓願成」，智者大師寫下這有名的四弘誓願，正如他的一生爲佛法、爲國土、爲眾生而精進不懈。他在遺書中仍不忘懇求隋煬帝護持佛法，廣度僧眾，饒益眾生。命終時，對弟子們更是以戒、定殷勤教誨。弟子們恪守師志，依憑悲願，延續法脈，效法大師無畏地奉獻出生命的光與熱，爲多難的眾生，帶來了無限的生機。

智者大師年表

中國紀元	西元	年齡	智者大師記事	相關大事
梁武帝 大同四年	538	1	在荊州華容縣（今湖南岳陽縣西北）出生。	梁武帝篤信佛教，常在寺院設法會。
梁敬帝 紹泰元年	555	18	在果願寺依法緒法師出家爲沙彌。	後梁建國於江陵。
陳武帝 永定元年	557	20	受具足戒爲比丘，跟隨慧曠律師學習律藏和大乘佛典。	陳霸先篡梁，宇文覺篡西魏國號周（北周）。
永定二年	558	21	在衡州大賢山獨自精讀《妙法蓮華經》、《無量義經》、《觀普賢菩薩行法經》。	

天嘉元年	560	23	前往光州大蘇山，依慧思禪師修習《法華經》。	
陳廢帝 光大二年	568	31	接受慧思禪師的勸告，到首都金陵的瓦官寺宣揚教義，時間達八年之久，得「說法第一」的美譽。	
陳宣帝 太建六年	574	37		北周武帝毀佛。
太建七年	575	38	前往會稽天台山隱居十年，完成了天台宗的理論系統。	
太建十三年	581	44		楊堅篡北周，國號隋。
隋文帝 開皇九年	589	52		隋滅陳，全國統一。

開皇十一年	591	54	到陽州爲隋煬帝授菩薩戒，受封爲智者，此後人稱智者大師。	
開皇十三年	593	56	返回故鄉荊州，建立玉泉寺。	
開皇十七年	597	60	十月在天台山石城寺圓寂。	

國家圖書館出版品預行編目資料

東土小釋迦：智者大師 / 吳燈山著；劉建志繪.
-- 三版. -- 臺北市：法鼓文化, 2010. 10
面； 公分
ISBN 978-957-598-536-3(平裝)

224.515 99016751

高僧小說系列精選 19

東土小釋迦——智者大師

著者／吳燈山
繪者／劉建志
出版／法鼓文化
總監／釋果賢
總編輯／陳重光
編輯／李金瑛、李書儀
佛學視窗／賴姿蓉、李金玫
封面設計／兩隻老虎廣告設計有限公司
內頁美編／連紫吟、曹任華
地址／臺北市北投區公館路186號5樓
電話／(02)2893-4646 傳真／(02)2896-0731
網址／http://www.ddc.com.tw
E-mail／market@ddc.com.tw
讀者服務專線／(02)2896-1600
初版一刷／1995年7月
三版二刷／2018年6月
建議售價／新臺幣180元
郵撥帳號／50013371
戶名／財團法人法鼓山文教基金會—法鼓文化
北美經銷處／紐約東初禪寺
Chan Meditation Center (New York, USA)
Tel／(718)592-6593 Fax／(718)592-0717

法鼓文化